XVIII-3

Reserve
2948

SUPPLEMENT
DE L'ART DE LA COEFFURE
DES
DAMES FRANÇOISES,

Par le sieur LEGROS, Coëffeur des Dames, Enclos des Quinze-Vingts.

Ustenciles de l'Art des Dames

de la Coëffure Françoises.

Forme du Cachet que l'on donne aux
Eleves qui coëffent conformément aux
Estampes du Supplé- ment de l'Art de la
Coëffure des Dames Françoises.

A PARIS,
Chez ANTOINE BOUDET, Imprimeur du Roi,
rue saint Jacques, à la Bible d'or.

―――――――――――

M. DCC. LXVIII.
AVEC APPROBATION, ET PRIVILEGE DU ROI.
Fini en Avril 1768.

APPROBATION.

J'AI lu par ordre de M. le Vice-Chancelier un Ouvrage intitulé: l'*Art de la Coëffure des Dames Françoises, avec des Estampes & des Supplémens*, par le sieur LEGROS Coëffeur; & je crois qu'on peut en permettre l'impression. A Paris, ce 15 Avril 1768. MARIN.

PRIVILEGE DU ROI.

LOUIS, PAR LA GRACE DE DIEU, ROI DE FRANCE & de Navarre, à nos amés & féaux Conseillers, les Gens tenans nos Cours de Parlement, Maîtres des Requêtes ordinaires de notre Hôtel, grand Conseil, Prévôt de Paris, Baillifs, Sénéchaux, leurs Lieutenans-Civils & autres nos Justiciers qu'il appartiendra, SALUT. Notre amé le Sieur LEGROS, Coëffeur à Paris, nous a fait exposer qu'il souhaiteroit faire graver & donner au Public un Ouvrage de sa composition intitulé l'*Art de la Coëffure des Dames Françoises avec des Estampes & des Supplémens*, &c. s'il nous plaisoit lui accorder nos Lettres de Privilège pour ce nécessaires. A ces causes, voulant favorablement traiter l'Exposant, nous lui avons permis & permettons par ces Présentes, de faire graver l'Art de la Coëffure des Dames Françoises ci-dessus énoncé, en telle forme & autant de fois que bon lui semblera, & de le debiter ou faire debiter par tout notre Royaume, pendant le tems de six années consécutives, à compter du jour de la date des Présentes: faisons défenses à tous Dessinateurs, Graveurs, Imprimeurs en taille-douce, & autres personnes, de quelque qualité & condition qu'elles soient, de graver ou faire graver, debiter ou faire ledit Ouvrage, d'en introduire dans le Royaume de gravures étrangeres, ni d'en faire aucuns extraits sous quelque prétexte que ce puisse être, sans la permission expresse & par écrit dudit Exposant, ou de ceux qui auront droit de lui, à peine de confiscation tant des Desseins, Planches & Estampes, que des ustenciles qui auront servi à la contrefaçon, que nous entendons être saisis en quelque lieu qu'ils soient, de trois mille livres d'amende contre chacun des contrevenans, dont un tiers à nous, un tiers à l'Hôtel-Dieu de Paris, & l'autre tiers audit Exposant, ou à celui qui aura droit de lui, & de tous dépens, dommages & intérêt; à la charge que ces Présentes seront enregistrées tout au long sur le Registre de la Communauté des Imprimeurs & Libraires de Paris dans trois mois de la date d'icelles; que la gravure dudit Ouvrage sera faite dans notre Royaume & non ailleurs : qu'avant de les mettre en vente, les Desseins ou Estampes qui auront servi à la gravure des Planches, seront remis dans le même état où l'approbation y aura été donnée, ès mains de notre très-cher & féal Chevalier Chancelier de France le sieur de LAMOIGNON, & qu'il en sera ensuite remis deux Exemplaires dans notre Bibliothéque publique, un dans celle de notre Château du Louvre, un dans celle de notredit sieur de LAMOIGNON, & un dans celle de notre très-cher & féal Chevalier Vice-Chancelier & Garde des Sceaux de France le sieur de MAUPEOU : le tout à peine de nullité des Présentes : du contenu desquelles vous mandons & enjoignons de faire jouir ledit Exposant & ses ayans cause, pleinement & paisiblement, sans souffrir qu'il leur soit fait aucun trouble ou empêchement. Voulons que la copie des Présentes, qui sera imprimée tout au long au commencement ou à la fin dudit Ouvrage, soit tenue pour duement signifiée, & qu'aux copies collationnées par l'un de nos amés & féaux Conseillers Secrétaires, foi soit ajoutée comme à l'original. Commandons au premier notre Huissier ou Sergent sur ce requis, de faire pour l'exécution d'icelles tous actes requis & nécessaires, sans demander autre permission, & nonobstant clameur de Haro, Charte Normande, & Lettres à ce contraires : car tel est notre plaisir. Donné à Versailles le vingtiéme jour du mois d'Avril, l'an de grace mil sept cent soixante-huit, & de notre regne le cinquante-troisiéme. Par le Roi en son Conseil.

Signé LE BEGUE.

Registré sur le Registre XVII de la Chambre Royale & Syndicale des Libraires & Imprimeurs de Paris, N. 75; fol. 415, conformément au Réglement de 1723, qui fait défenses, art. XLI, à toutes personnes de quelque qualité & condition qu'elles soient, autres que les Libraires & Imprimeurs, de vendre, debiter, faire afficher aucuns Livres pour les vendre en leurs noms, soit qu'ils s'en disent les Auteurs, ou autrement, & à la charge de fournir à la susdite Chambre neuf exemplaires prescrits par l'Art CVIII du même Réglement. A Paris, ce 26 Avril 1768. GANEAU, *Syndic.*

SUPPLEMENT

De l'Art de la Coëffure des Dames Françoises.

Après avoir fini & rendu mon Livre de l'Art de la Coëffure des Dames Françoises, parfait en 1767, & en ayant reçu des applaudissemens des Reines & Princesses de toutes les Cours, & de toutes les Dames en général, tous ces applaudissemens m'ont engagé à faire un Supplément de sept Coëffures nouvelles, dans lesquelles il y a une Dame à cheval habillée en Amazone. Toutes ces Coëffures sont gravées d'après mes desseins originaux qui restent à la premiere classe de mon Académie, pour servir de modéle.

Les Coëffures nouvelles de l'année 1768 commenceront par le numero 39.

Les Dames auront la bonté d'observer que toutes mes Coëffures ont été faites sans épingles : cependant je les sçais poser de toutes les façons ; mais j'en fais très-peu d'ufage, attendu qu'il y a des pofages d'épingles qui détruifent les cheveux & en tordent la racine, fur-tout quand on accommode avec des cheveux longs fans être frifés.

Les cheveux tendus & forcés par des épingles, arrachent la racine des cheveux, tendent la peau du front, & produifent des rides imperceptiblement par la fuite.

Forme du Compas qu'il faut aux Coëffeurs pour régler la coupe des cheveux, suivant le plan de l'Art de la Coëffure des Dames Françoises.

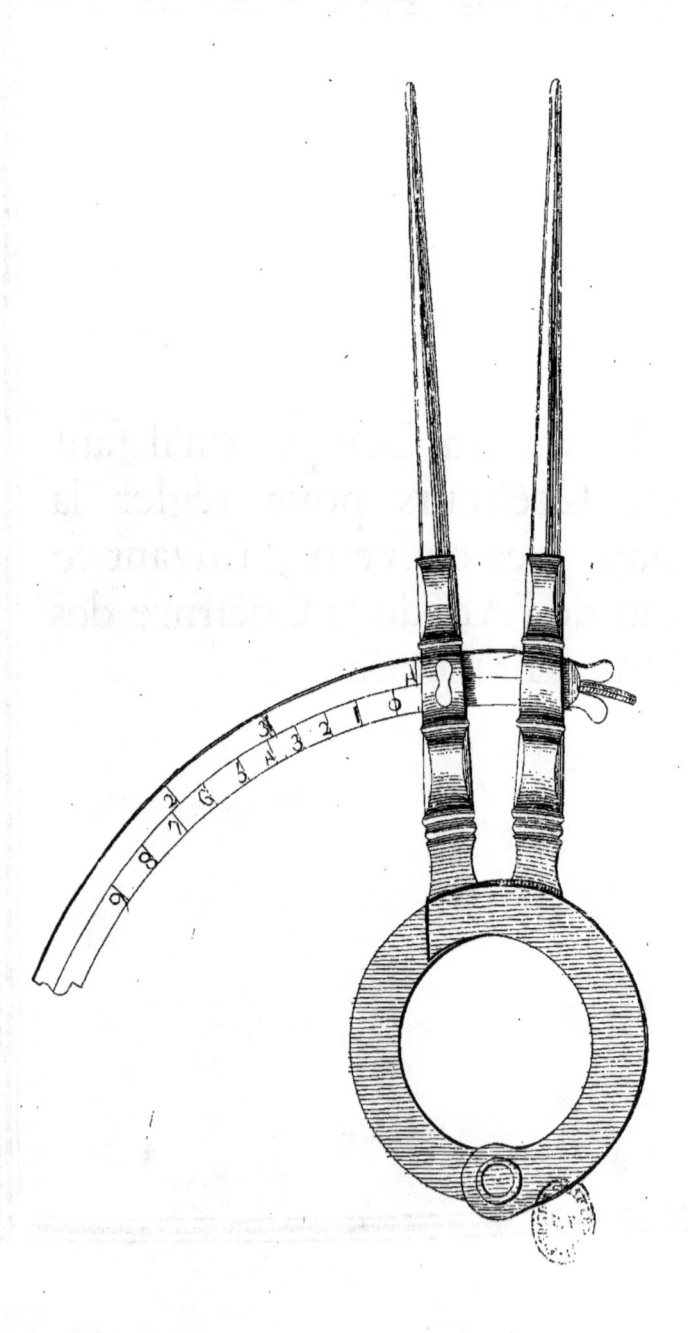

La trente-neuviéme Eſtampe repréſente un tapé avec trois boucles en marron , avec un petit bonnet en chenille & une barriere.

La quarantiéme Eſtampe repréſente une Coëffure de deux boucles longues faiſant le croiſſant, & des bouillons de cheveux faits avec le bout du chignon, & une barriere en diamans ou en perles.

La quarante-uniéme Estampe représente une Coëffure à un rang de boucles, & un rang de coques longues barrées, avec une petite mêche de cheveux tirés de la même coque, & un nœud de cheveux fait avec le bout du chignon, & une sultane.

La quarante-deuxiéme Eſtampe repréſente une Coëffure à un rang de coque barrée, & un rang de boucles par-deſſus, & quatre boucles faites avec le bout du chignon, pour faire la toque, & une ſultane de cheveux en chenille.

La quarante-troisiéme Estampe repréfente une Coëffure en rofette faifant la guirlande, & des boucles en coque, & des bouillons de cheveux faits avec le bout du chignon.

43

La quarante-quatriéme Estampe représente une Coëffure à deux rangs de rosettes, & deux rangs de coques barrées.

La quarante-cinquiéme Estampe repréfente une Dame Françoife à la chaffe, habillée en Amazone.

C'eft le fieur Legros qui a compofé, donné l'idée & mis au jour cette Chaffe.

Le Livre de l'Art de la Coëffure des Dames Françoises contient trente-huit Estampes, toutes Coëffures différentes, avec le traité en abrégé de conserver les cheveux naturels, & tous les plans nécessaires pour régler toutes les Coëffures tant en faux qu'en naturel, & un compas pour prendre toutes les proportions d'une tête : j'ai rendu mon Livre de l'Art de la Coëffure aussi parfait que mon Supplément.

Le Livre de l'Art de la Coëffure contient quarante six Planches.

Le Supplément ne contient que huit Planches.

Le Livre de l'Art de la Coëffure, relié en veau & enluminé, se vend quarante-huit livres ; & broché sans être enluminé, vingt-quatre livres.

Le Supplément se vend enluminé neuf livres, & sans être enluminé six livres.

LEGROS DE RUMIGNY.

Fin du Supplément de l'Art de la Coëffure des Dames Françoises, en mil sept cent soixante-huit.

Le sieur Legros donne des preuves, & prouve qu'il a fait toutes ses Coëffures conformes à son Livre & à son Supplément, sur les cheveux naturels sans épingles, dans la premiere classe de son Académie, devant tous ses éleves. Il a aussi donné tous les premiers coups de crayon sur ses grands desseins originaux d'après toutes ses Coëffures ; il en a fait de même pour les Estampes gravées. Quant à son Livre & à son Supplément, après avoir fait son Manuscrit, il en a fait lecture à ses Eleves, afin qu'ils en puissent rendre un fidéle compte par la suite, & puissent prouver combien leur Maître a eu de peine à combattre tous les Coëffeurs & tous les Perruquiers de cette Capitale. Le sieur Legros s'est renfermé dans son Académie pendant trois années sans sortir, où il a exécuté tous ces projets avec succès, afin de dérouter ses ennemis.

Forme du Cachet que l'on met sur les Boîtes des ouvrages que l'on envoye tant dans les Cours Etrangeres que dans les Provinces, pour que les Dames ne soient pas trompées.

DE L'ACADEMIE DES COIFFURES DES DAMES FRANÇOISES A PARIS, LE GROS.

Forme des trois Cachets que l'on donne aux Eleves qui coëffent conformément aux trente-huit Eſtampes du Livre.

Le sieur LEGROS se propose dans quelque temps d'aller établir dans toutes les Cours étrangeres une Académie de l'Art de la Coëffure des Dames Françoises avec la permission des Reines & Princesses.

II. SUPPLEMENT
DE L'ART DE LA COEFFURE
DES DAMES FRANÇOISES.

Par le sieur LEGROS, Enclos des Quinze-Vingts.

Ustensiles de l'Art des Dames  de la Coëffure Françoises.

Forme des deux Cachets que l'on donne aux Eleves qui coëffent conformément à toutes les Estampes des Supplémens.

A PARIS,
Chez ANTOINE BOUDET, Imprimeur du Roi, rue S. Jacques, à la Bible d'Or.

M. DCC. LXIX.
AVEC APPROBATION ET PRIVILÉGE DU ROI.

Le Livre de l'Art de la Coëffure des Dames Françoises, enluminé & relié en veau doré fur tranche, fe vend deux louis, & broché fans être enluminé 24 livres.

Le premier Supplément enluminé & broché fe vend neuf livres, & fans être enluminé fix livres.

Le fecond Supplément fe vend dix-huit livres, & fans être enluminé douze livres.

Il a eu l'honneur d'envoyer fes deux Supplémens, ainfi que fon Livre de l'Art de la Coëffure aux Reines de l'Europe.

SECOND SUPPLEMENT
DE L'ART
DE LA COËFFURE
DES
DAMES FRANÇOISES.

AU mois d'Avril de l'année 1768, je finis mon premier Supplément de l'Art de la Coëffure des Dames Françoises, dont j'ai eu l'honneur d'envoyer le premier aux Reines de l'Europe, & présenté aux Dames de bon gout. Les applaudissemens que j'en ai reçus, m'ont engagé à en faire un second, composé de dix-huit Coëffures toutes différentes, & toutes bien distinguées, tant pour la Cour que pour la Ville, le Bal & le Théâtre.

Il faut observer que ces dix-huit Coëffures n'ont aucun rapport ni ressemblance à aucune de mon Livre de l'Art de la Coëffure des Dames Françoises, ni à aucune de mon premier Supplément, ni des quatorze supprimées. Toutes ces Coëffures sont gravées d'après mes grands Desseins originaux, qui restent à la premiere classe de mon Académie, pour servir de modéles aux Eleves. J'ai donné le premier trait de crayon à toutes les Coëffures de mes accommodages faits sur les cheveux naturels sur différentes têtes: & dans tout ce grand nombre de Coëffures il s'en trouvera toujours de mode pour la Cour, la Ville, le Bal & autres.

J'avois autrefois pour passion la Pêche, la Chasse, la cuisine, & courir les Armées, tant en Flandres qu'en Allemagne, changeant souvent d'état, & remarquant toujours le bon d'avec le mauvais, faisant ma cour aux vieillards de tout état, afin qu'ils me racontassent ce qu'ils sçavoient de leurs anciens temps: voilà la seule étude que j'ai faite pour acquérir de l'expérience, & connoître à peu près l'esprit & le caractere des hommes. Il s'agissoit donc de connoître un peu celui des Dames, chose bien difficile, qui m'a causé bien de l'embarras, ne sçachant comment m'y prendre: enfin le moyen le plus juste selon moi étoit de me mettre Coëffeur, talent où il faut sçavoir se taire & parler, être sage & honnête, tout voir & ne rien dire, & avec ces bonnes qualités & l'Art de la Coëffure on est bien reçu des Dames en tout pays.

 La Coëffure des Dames m'a causé bien des tourmens; il n'y a que moi qui sçais la peine qu'elle m'a donnée. Ce n'est point l'argent qui m'a engagé à suivre cet état au milieu d'un champ rempli d'épines pour moi, mais c'est l'ambition & le zéle que j'ai de prouver aux Dames, que tant que le monde subsistera elles porteront de mes Coëffures.

 C'est avec preuve que je ne ressemble point à bien des Coëffeurs & Perruquiers, qui étalent leurs talens avec leur langue, mais moi c'est avec mes doigts que je fais voir à tout le monde ce que je sçais.

 Malgré la contrariété, tant que je vivrai je donnerai toujours des preuves que je serai le premier de mon état pour la Coëffure des Dames en tous genres, comme on le verra par mon Livre de l'Art de la Coëffure des

Dames & de mes Supplémens.

En fait de Coëffures des Dames, les Coëffeurs les plus expérimentés apprendront toujours, & ne feront jamais parfaits.

Pour faire un Coëffeur parfait, il faudroit qu'il fçut coëffer les Dames généralement en tout genre, & bien prendre l'air du visage fans qu'aucune puifse fe plaindre; mais ce temps-là n'est point encore venu.

Ce n'est pas le tout de coëffer la tête, il faut aufsi un peu fçavoir coëffer l'efprit.

Tous les Eleves qui coëfferont conformément aux Eftampes du premier Supplément, auront fur leur certificat le cachet de l'Elephant : & ceux qui coëfferont conformément aux Eftampes du fecond Supplément, auront fur leurs certificats les cachets de l'Elephant & du Singe.

Forme du Compas qu'il faut au Coëffeur, suivant l'Art de la Coëffure des Dames Françoises.

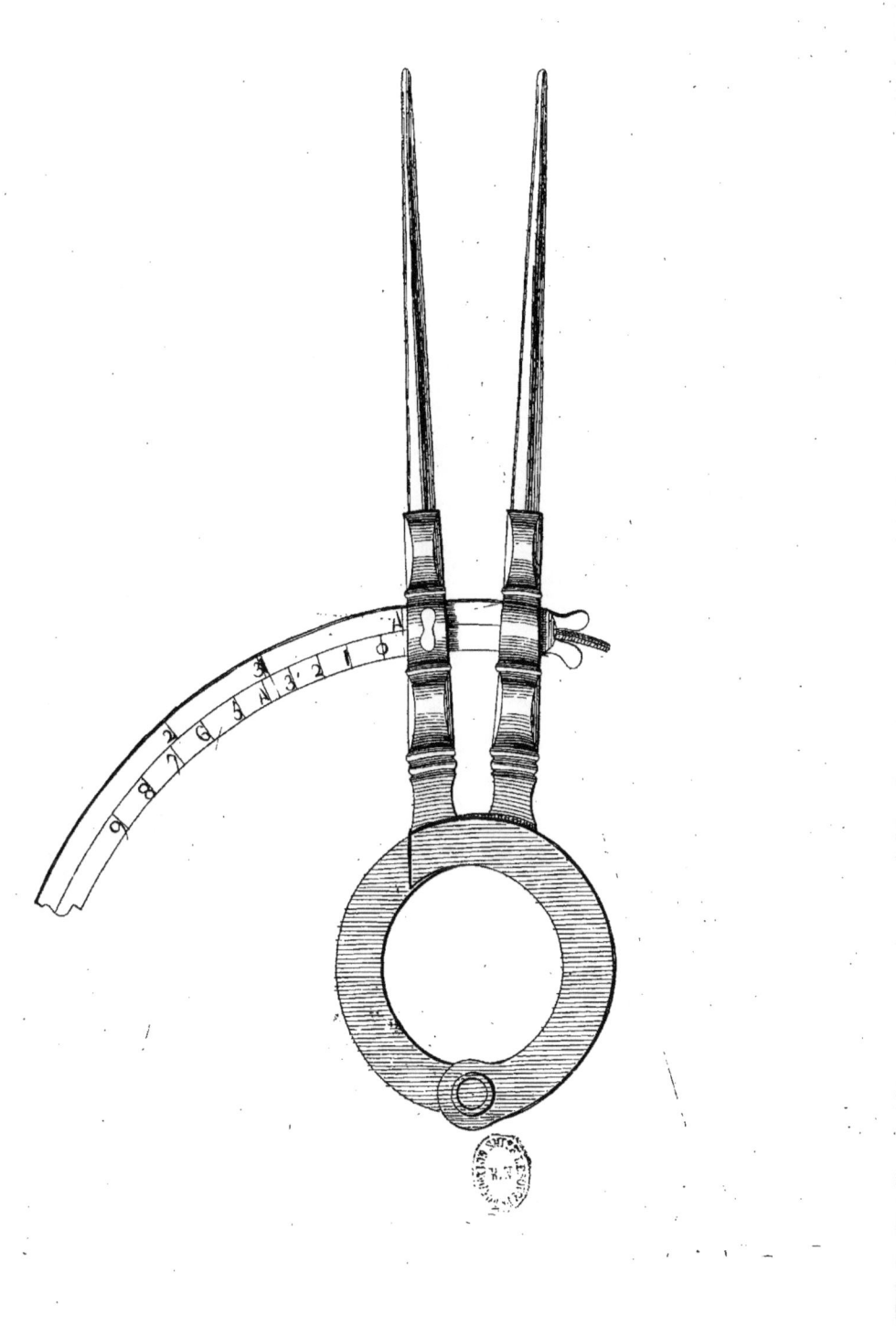

(9)

B

La quarante-cinquieme Coëffure est un tapé en racines droites, avec deux barres en cheveux lisses, tirées du bout du chignon, & trois boucles faites en marron.

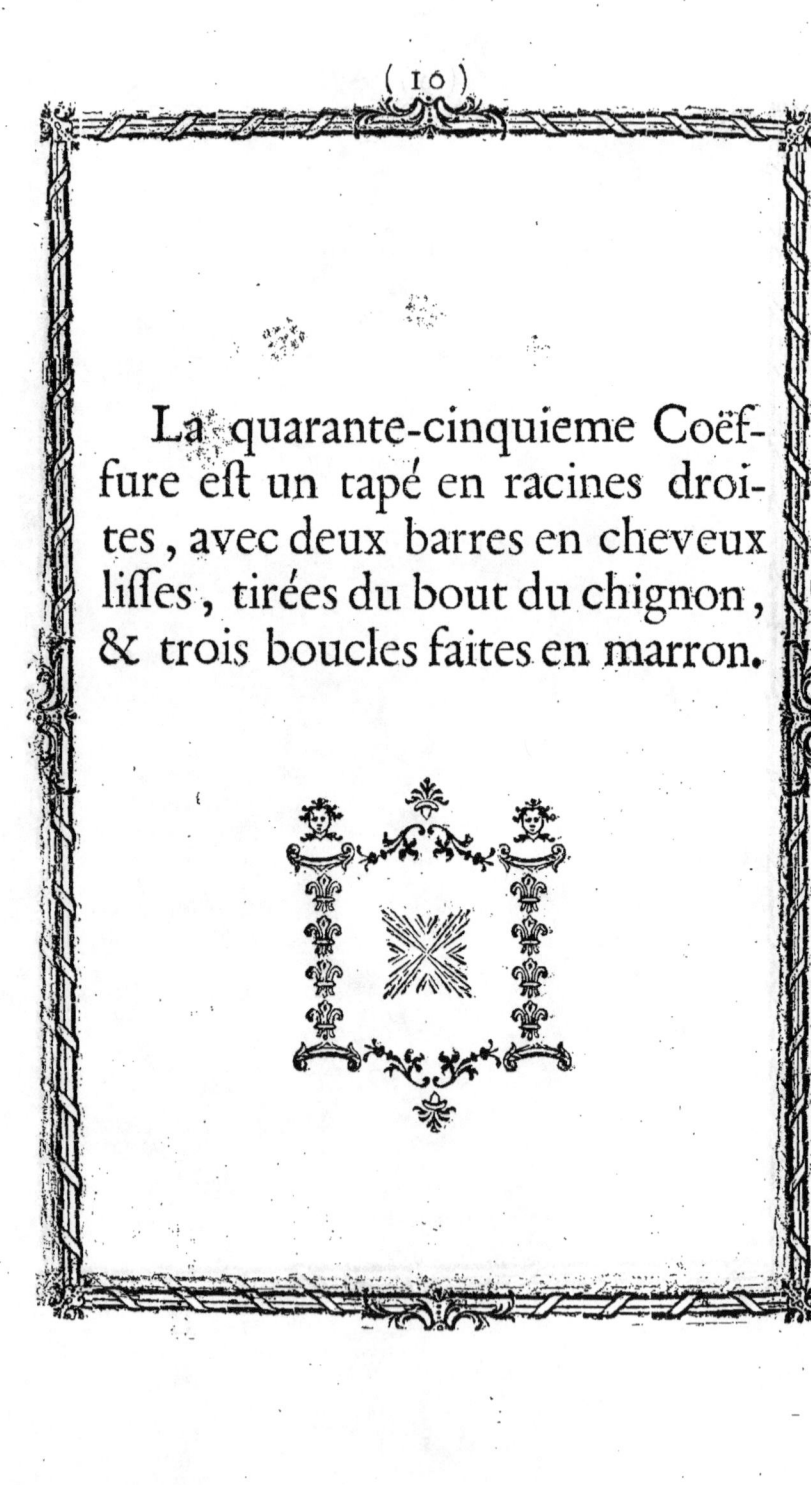

A5

(11)

La quarante-sixieme Coëffure est un tapé en racines droites, avec des crochets & deux boucles en marron des barrieres de cheveux lisses, & une toque de ruban.

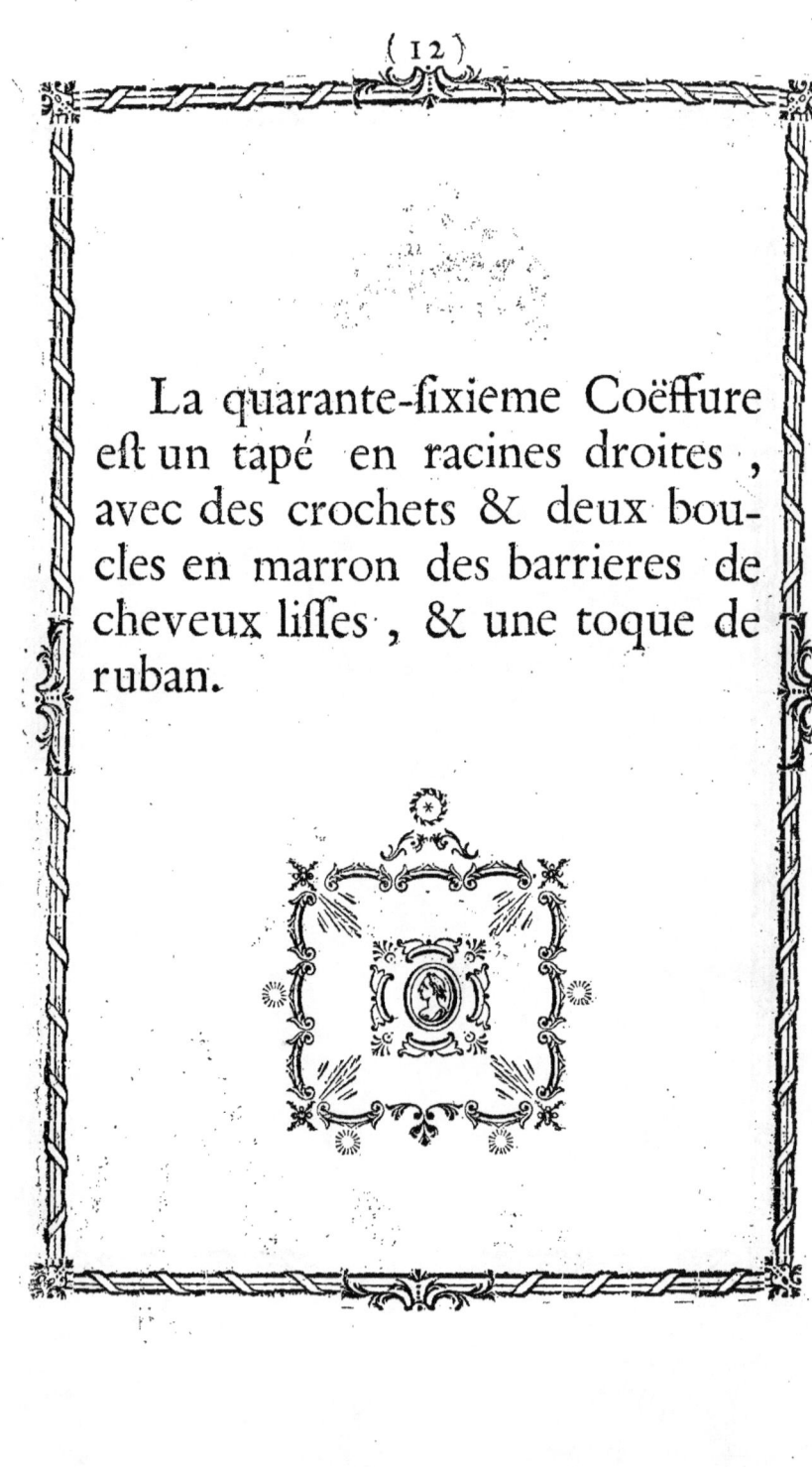

(13)

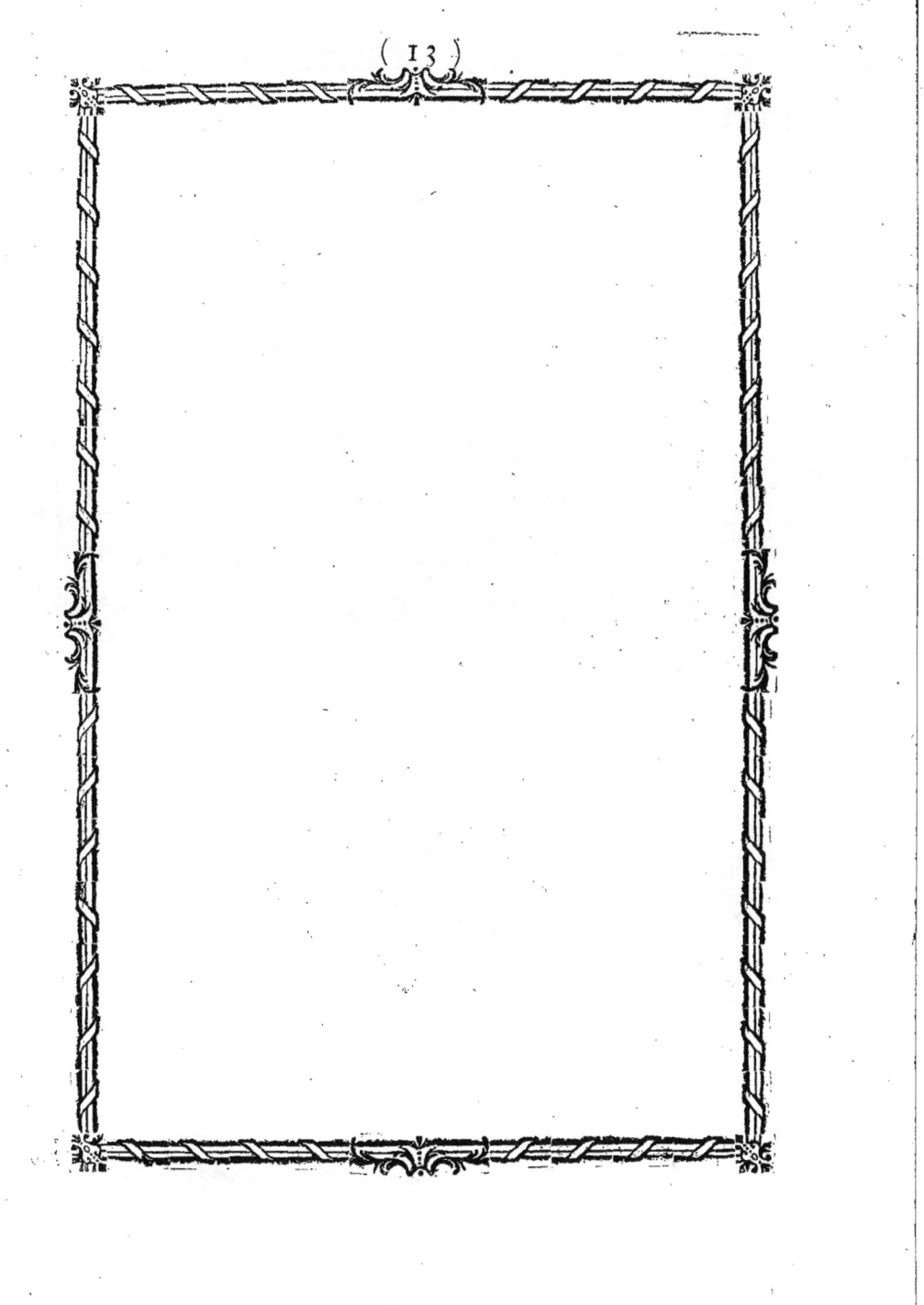

La quarante-septieme Coëffure est un rang de boucles faisant l'éventail, trois boucles en marron, deux coques & un bouchon en cheveux lisses, fait avec le bout du chignon, & des barbes en chenilles croisées.

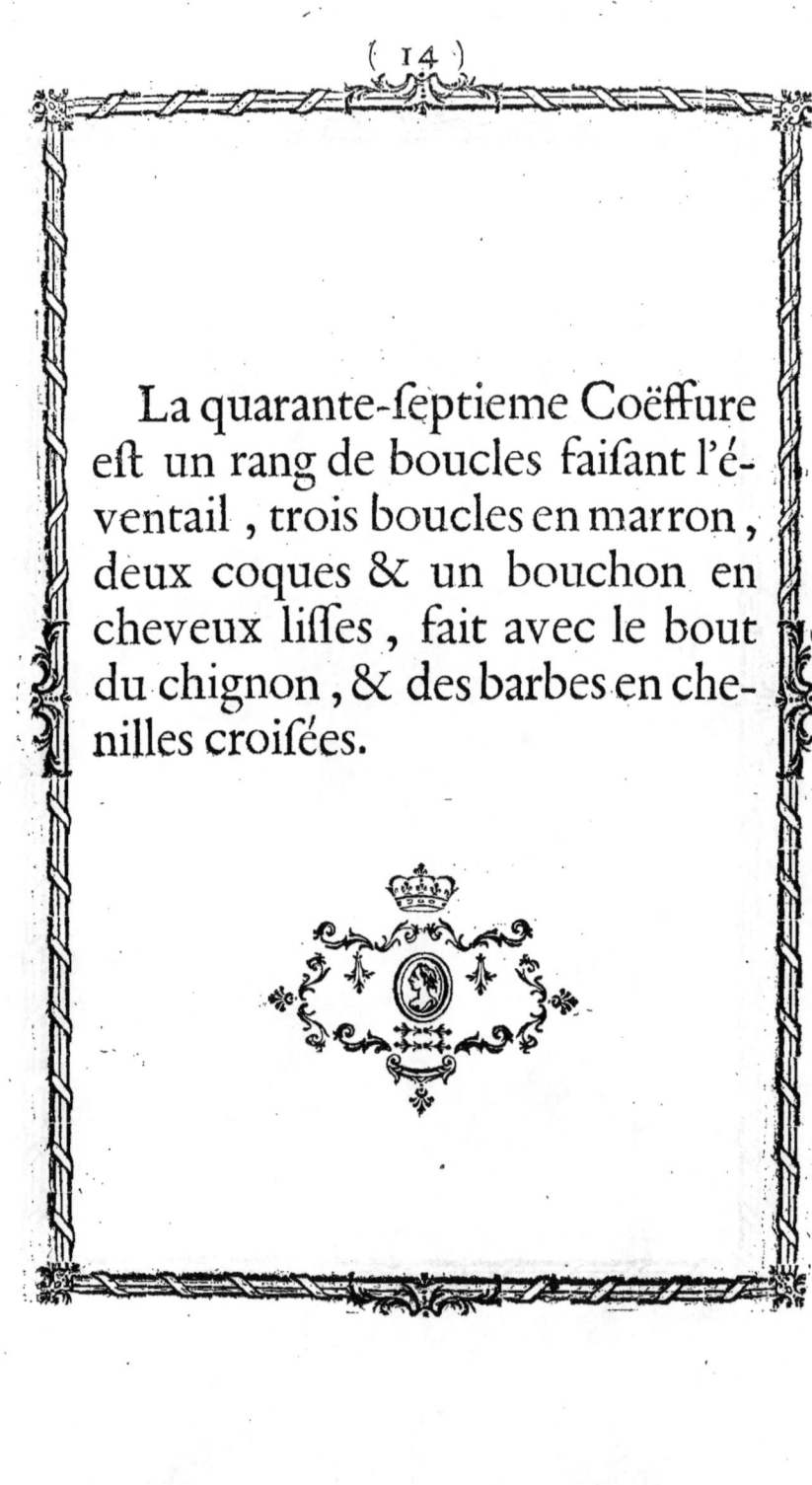

(15)

La quarante-huitieme Coëffure est un rang de coque du devant, & le deuxieme rang est en rosettes & boucles faites en marron, le chignon natté en quatre cordons, moitié en parquet, & l'autre moitié à jour, & des bouchons faits avec le bout de la natte.

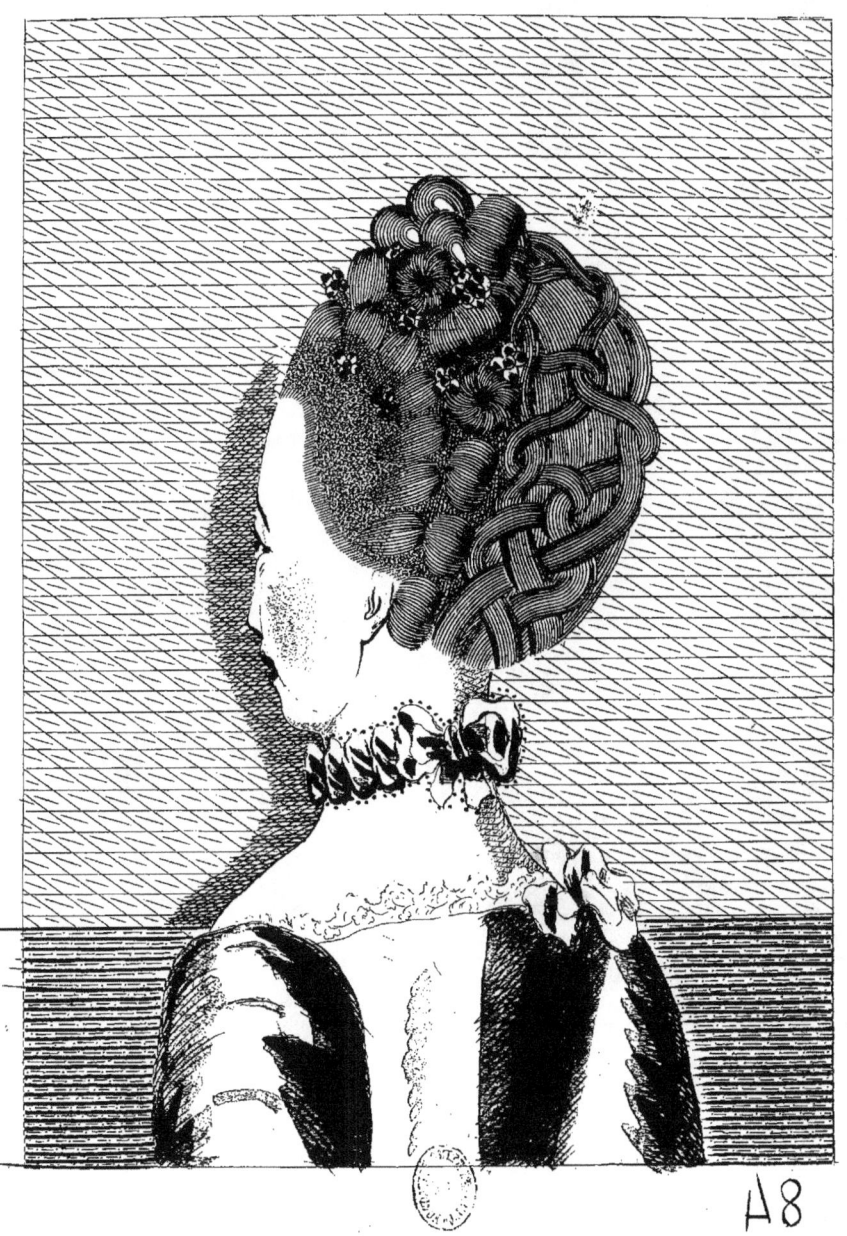

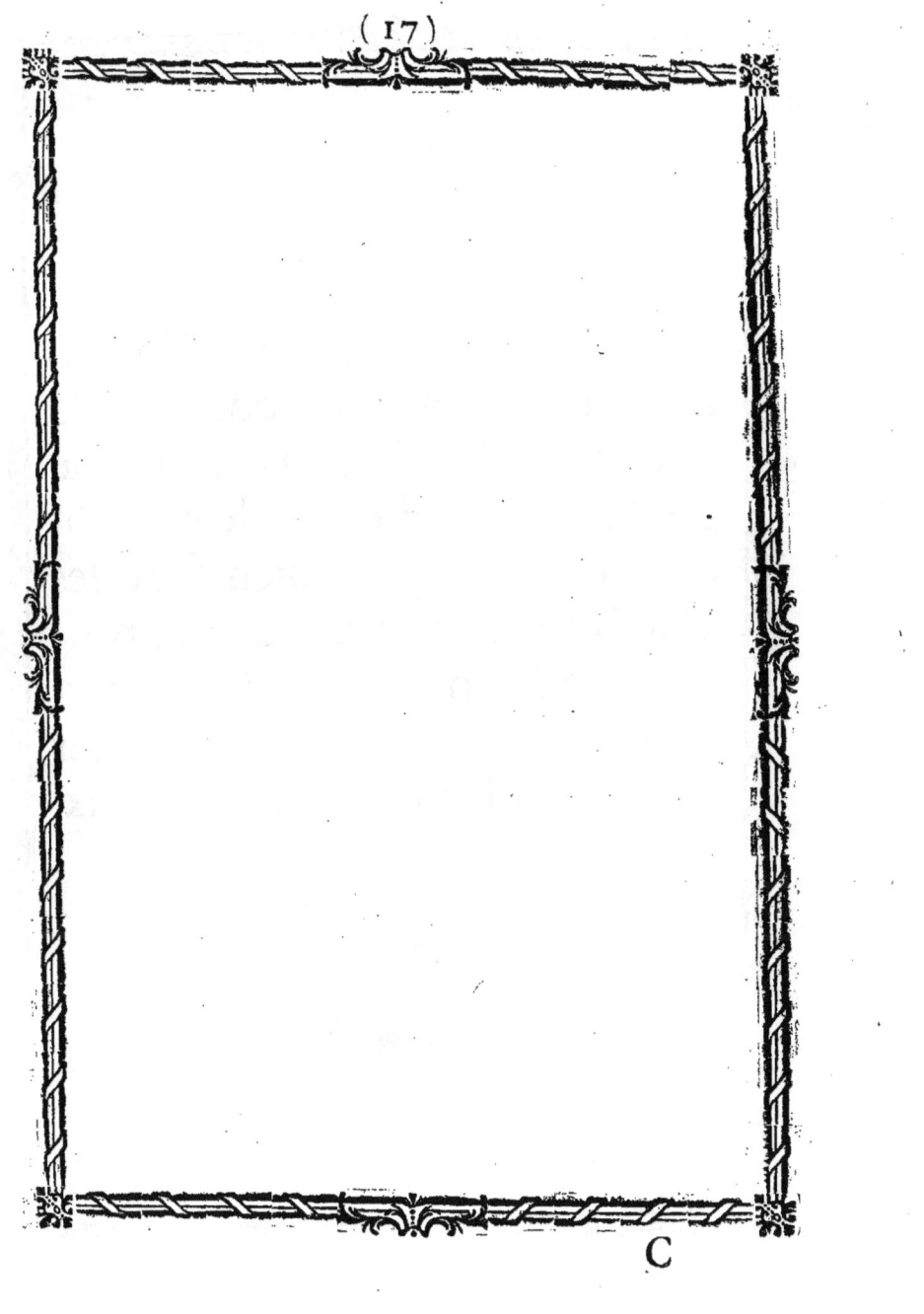

La quarante-neuvieme Coëffure eſt à deux rangs de coques, de bouchons de cheveux, & une groſſe boucle faite avec le bout du chignon; mais pour bien faire les Coëffures en coques, en marron, en figue & en olive, il faut ſe ſervir d'épingles noires, pour arrêter la racine à la pointe des cheveux.

La cinquantiéme Coëffure est un tapé à la Grec en racines droites, avec une double barriere en plumes, & cinq boucles en marron.

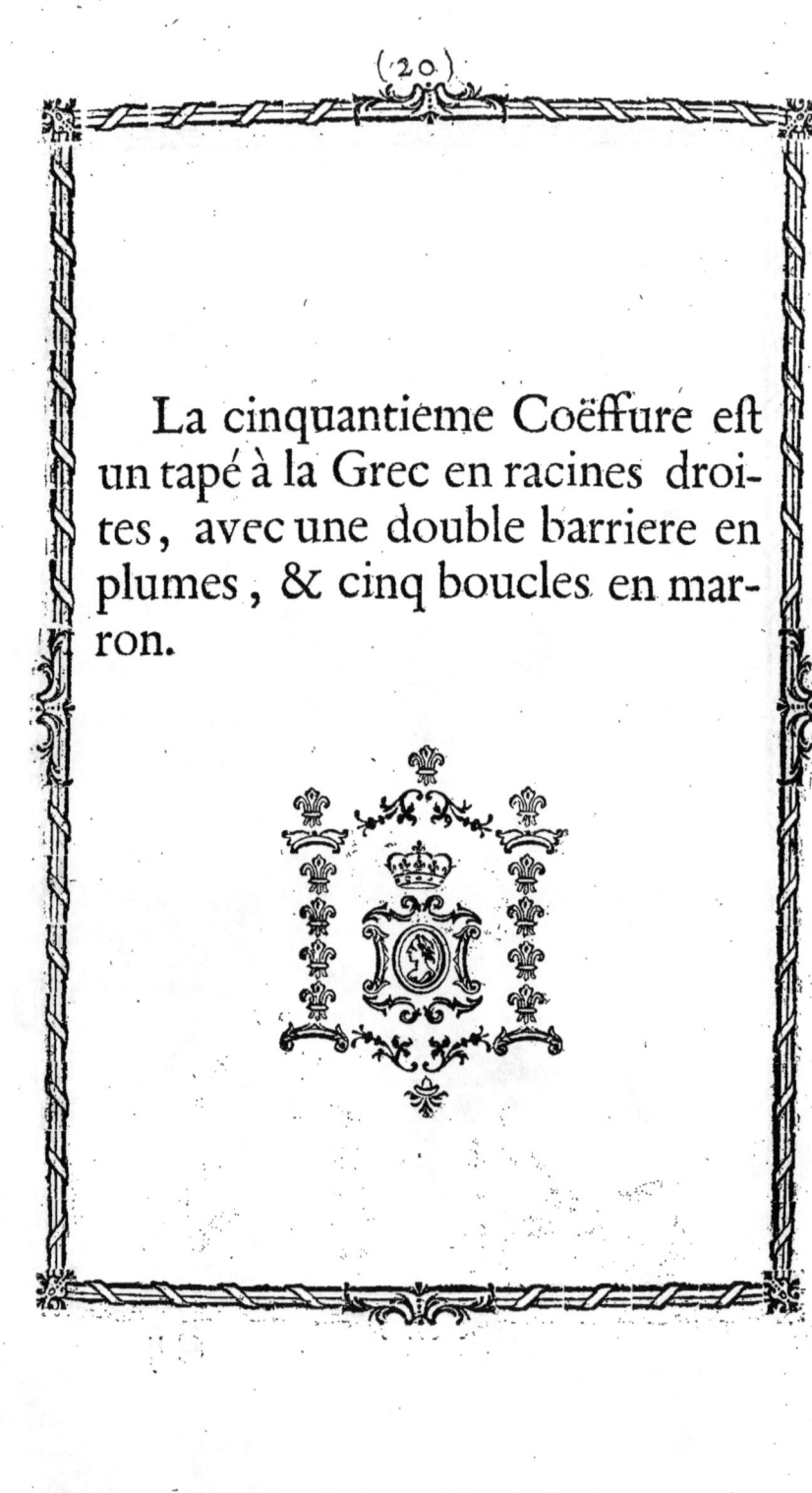

5o

(21)

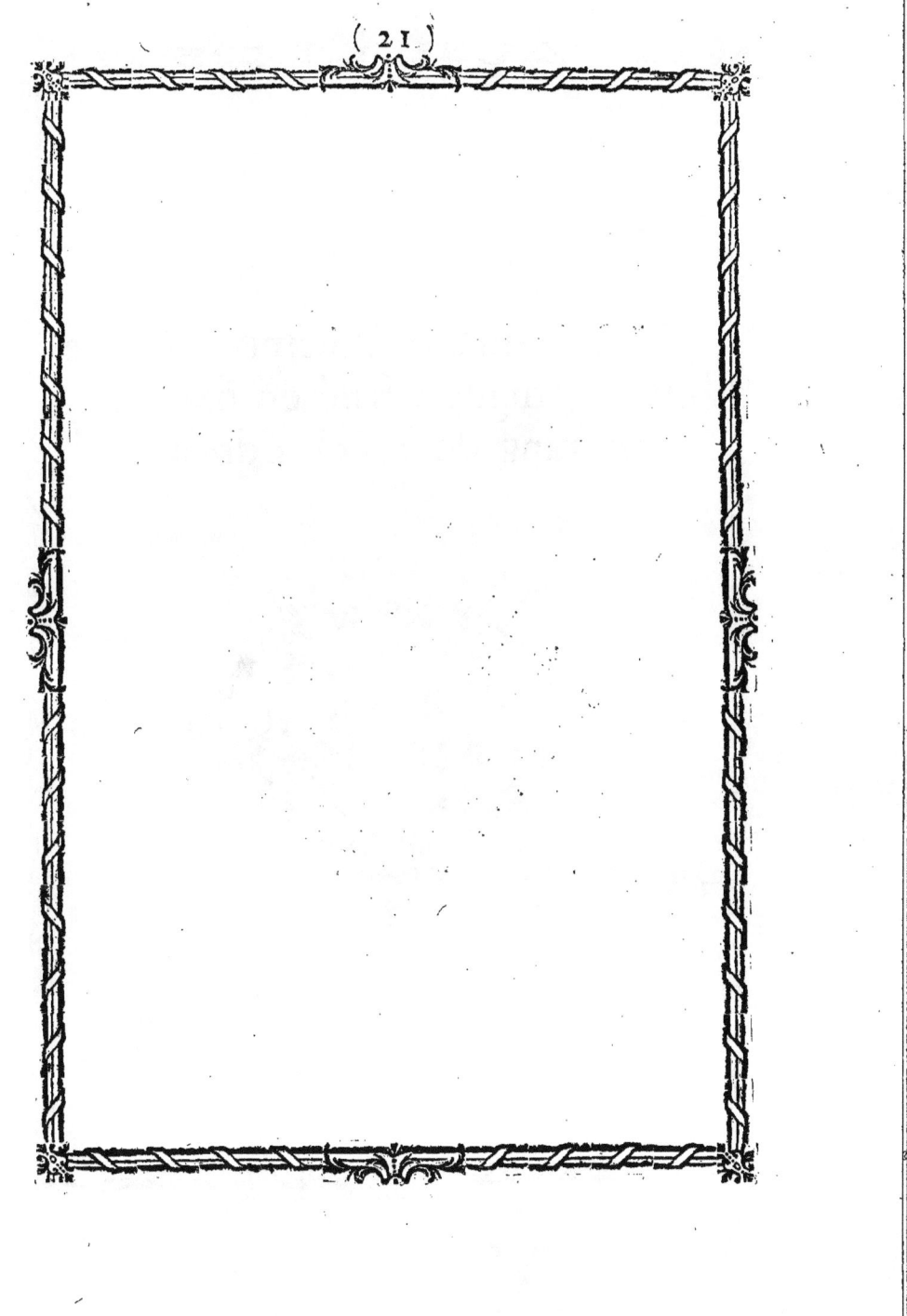

La cinquante-unieme Coëffure est un chignon frifé en marrons, & un rang de boucles droites.

(23)

La cinquante-deuxieme Coëffure est un tapé avec quatre boucles de côté, & les cheveux du chignon lisses, & une rosette faite avec le bout des cheveux.

En place de rosette, on peut faire une grosse boucle en forme de choux.

(25)

D

La cinquante-troisieme Coëffure est un tapé avec deux rangs de boucles & un petit bonnet, avec des barrieres de cheveux lisses.

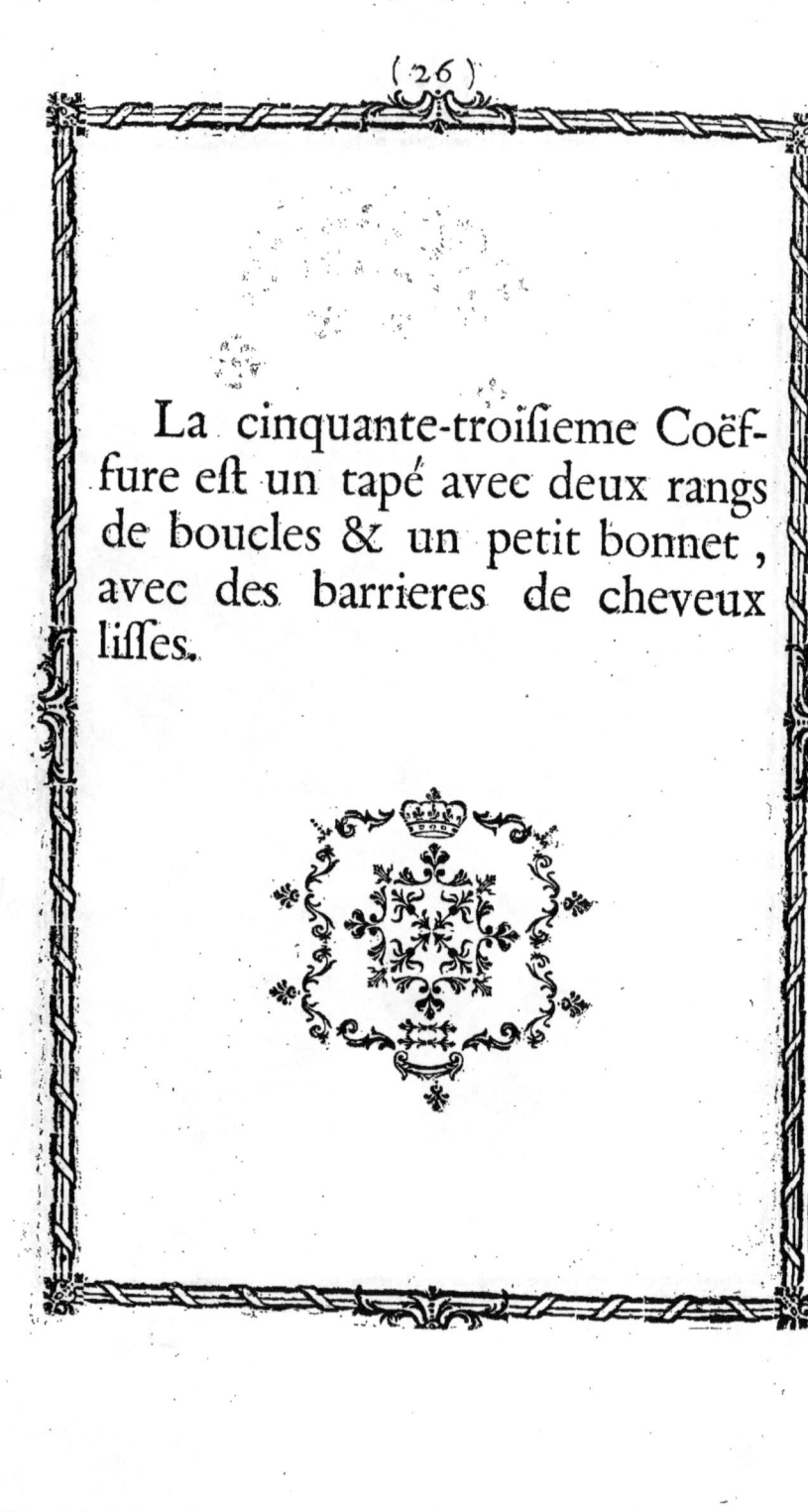

La cinquante-quatrieme Coëffure est à deux rangs de marrons, cinq coques & deux rosettes, avec une toque faite avec des barbes & des diamans en place de fleurs.

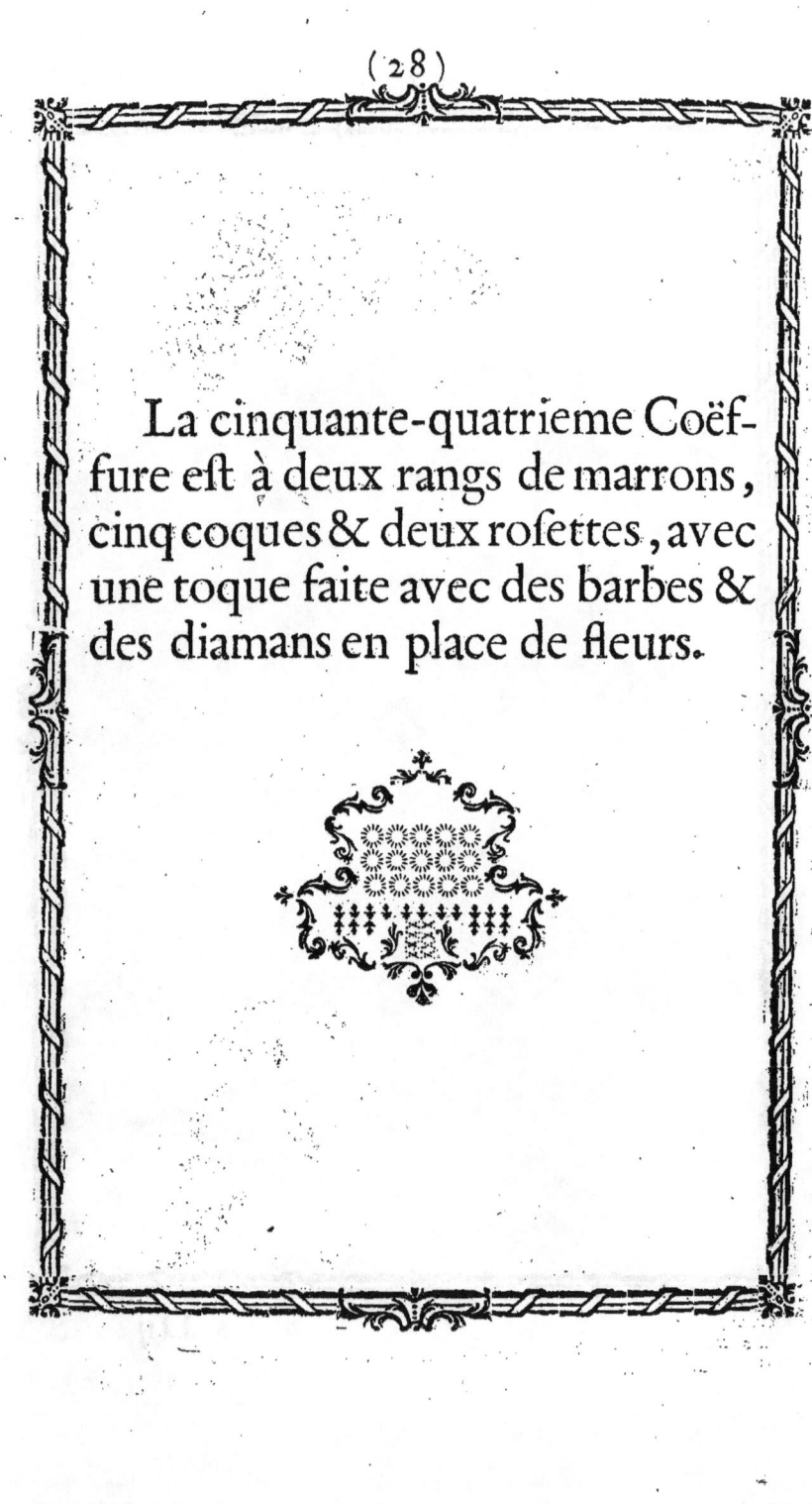

(29)

La cinquante-cinquieme Coëffure est un rang de coques en figue, & une toque de cheveux faux.

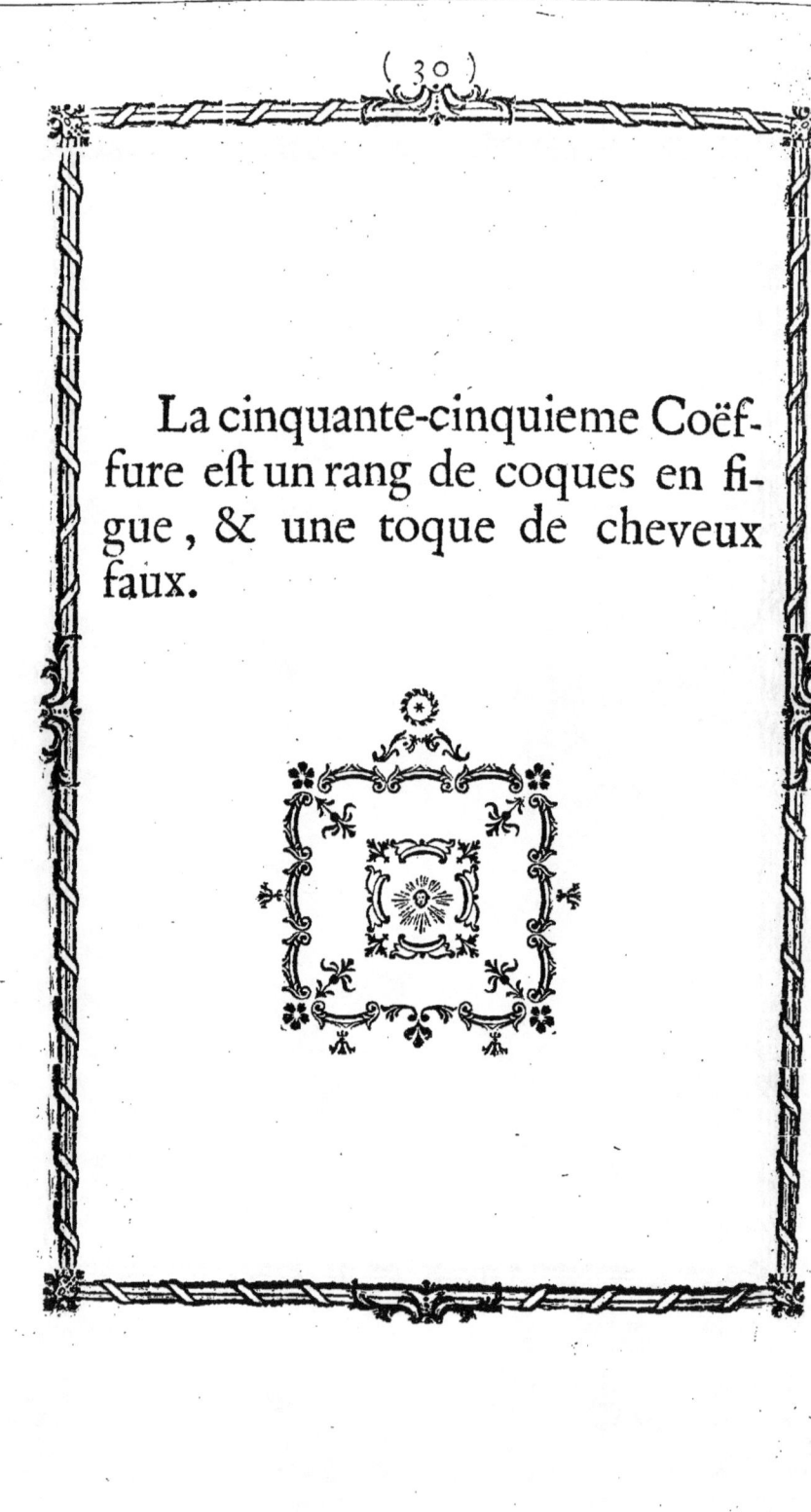

(31)

La cinquante-sixieme Coëffure est à deux rangs de marrons droits, pincés avec des épingles dans la racine.

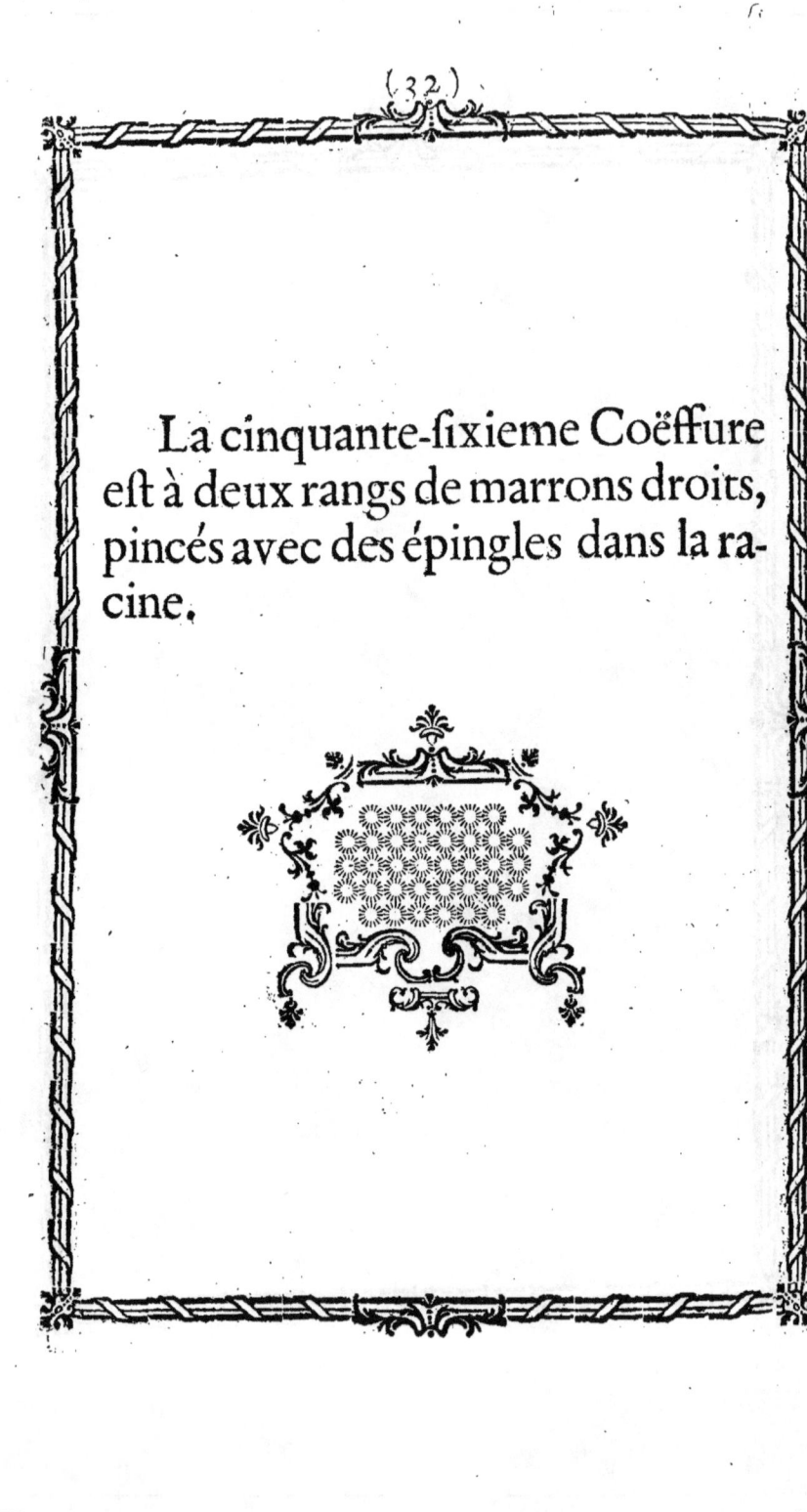

(33)

La cinquante-septieme Coëffure est un rang de boucles massé, faisant les bouillons de cheveux lisses, arrêtés avec des épingles dans la racine.

(35)

E ij

La cinquante-huitieme Coëffure est un tapé avec deux rangs de marrons jettés en devant, & un petit bonnet.

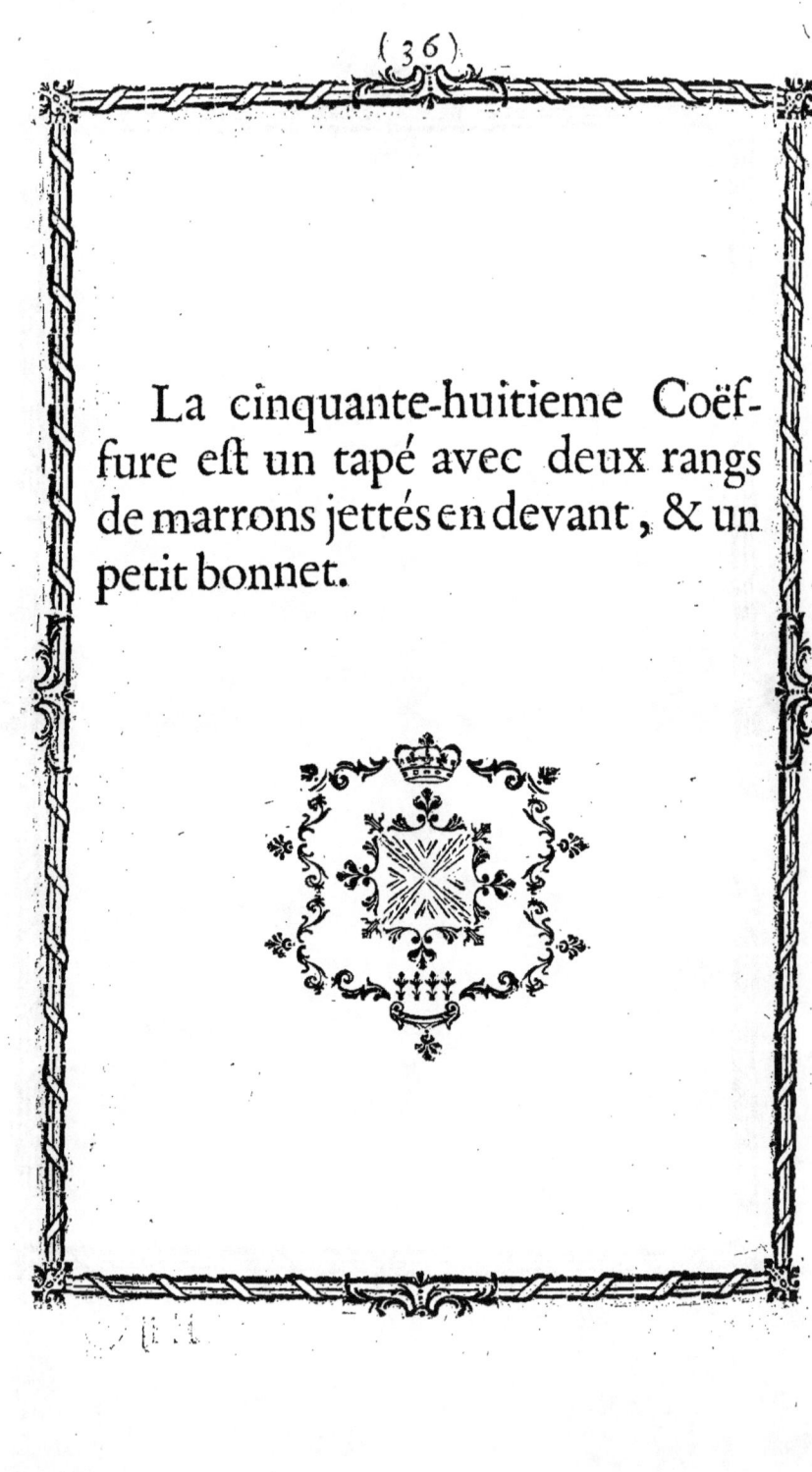

58

(37)

La cinquante-neuvieme Coëffure est un rang de coques, & un rang de boucles en marrons, jetté en devant, faisant les barbes, & un petit bonnet en parterre garni de fleurs.

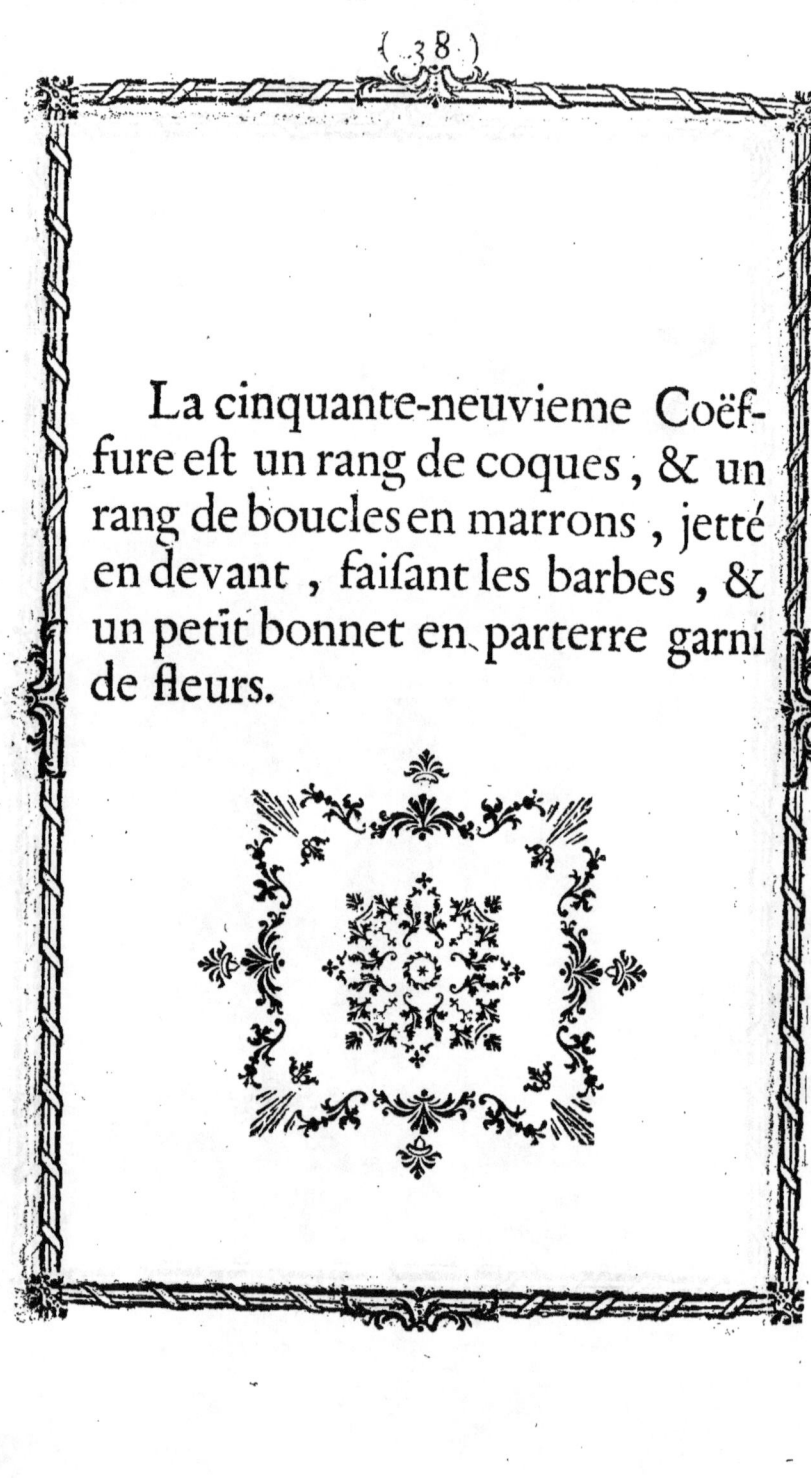

(39)

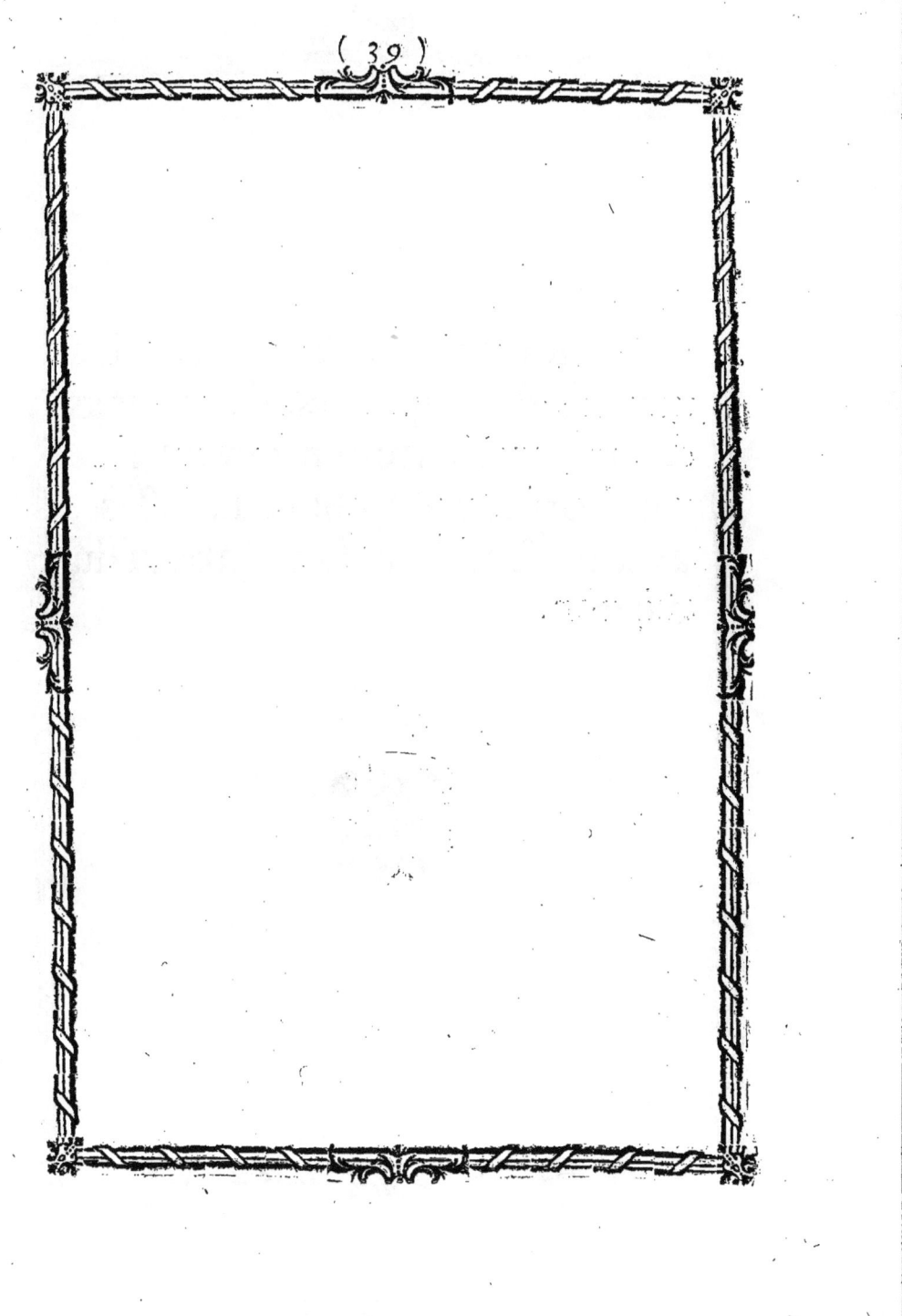

La soixantiéme Coëffure est à un rang de coques & deux rangs de marrons jettés en devant, & une barriere de cheveux lisses, avec des bouillons faits du bout du chignon.

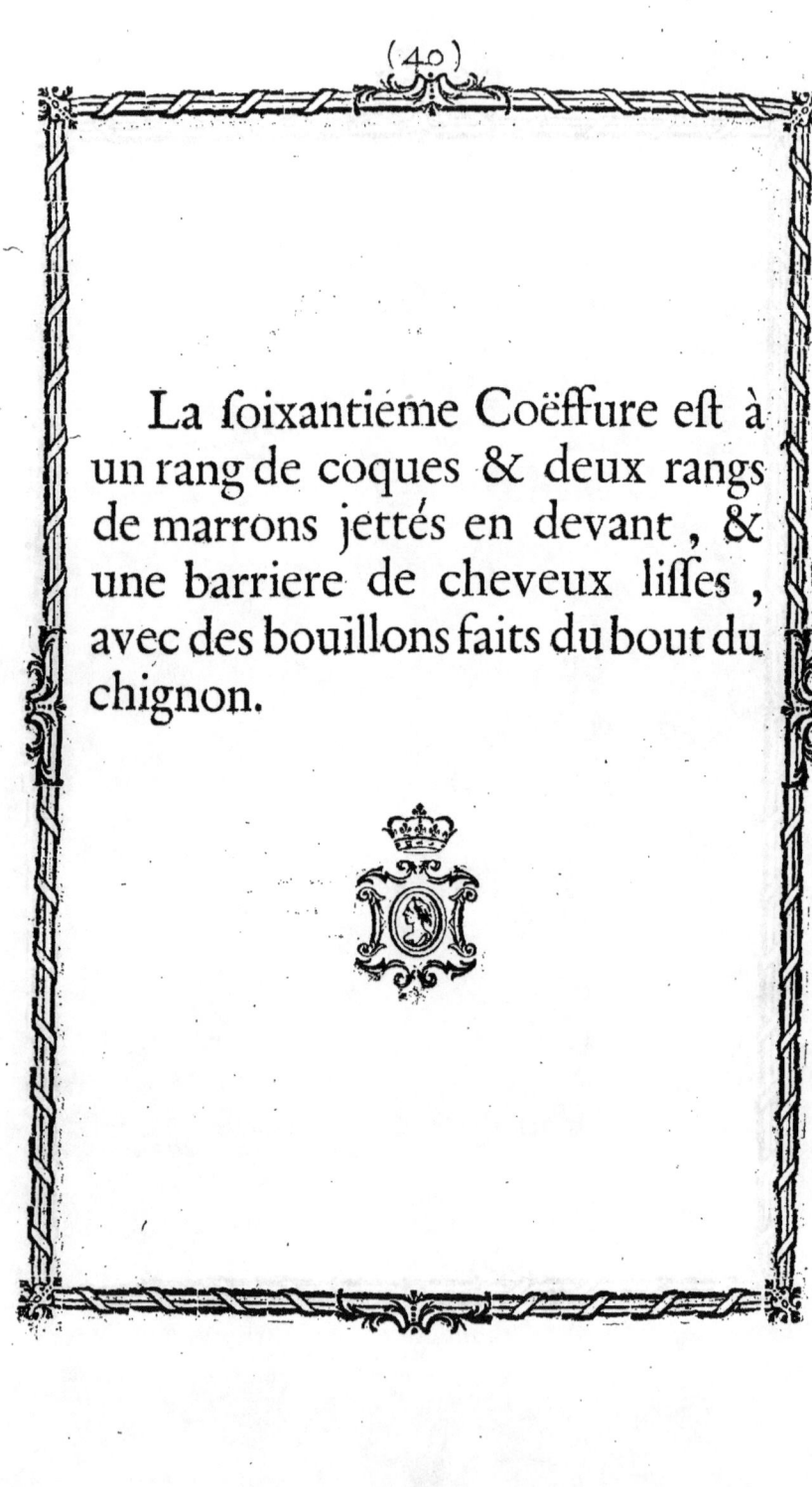

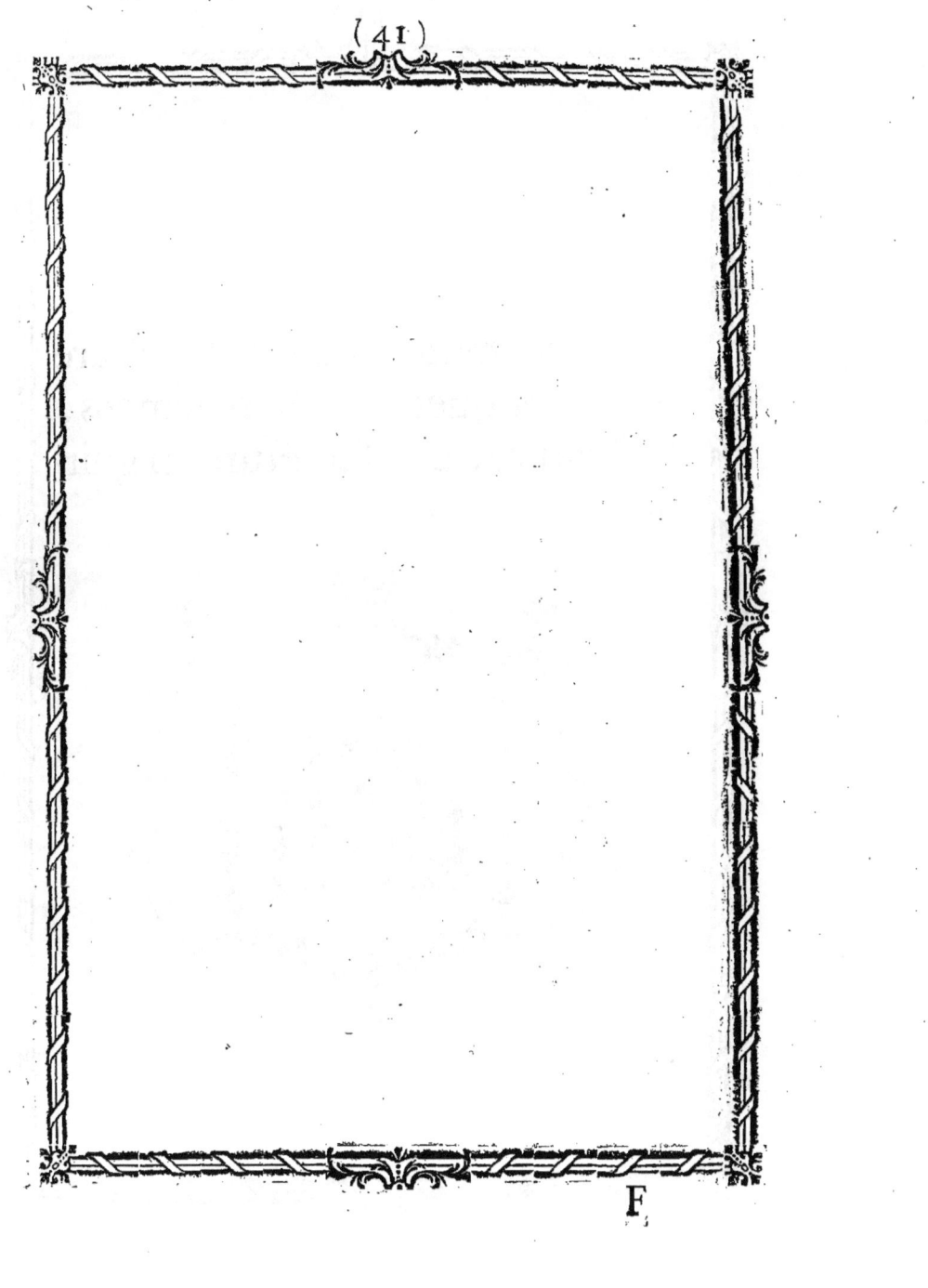

La soixante-unieme Coëffure est le bouquet des Supplémens, c'est-à-dire, une Coëffure en guirlande.

(43)

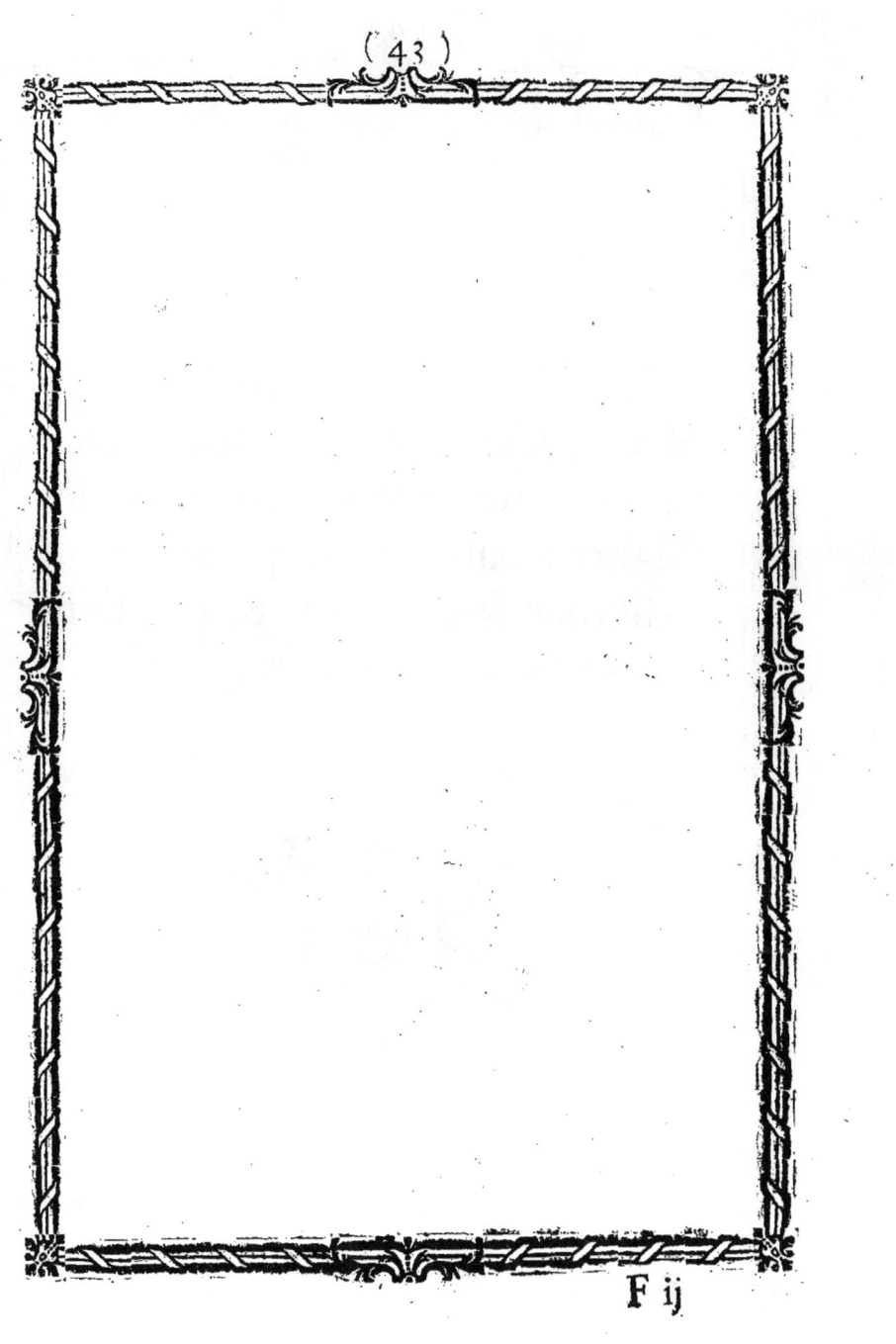

F ij

La soixante-deuxieme Estampe est une Coëffure en tapé, avec un rang de gros crochets & les chignons nattés à cinq cordons à l'Allemande, & une toque faite avec le bout de la natte.

(45)

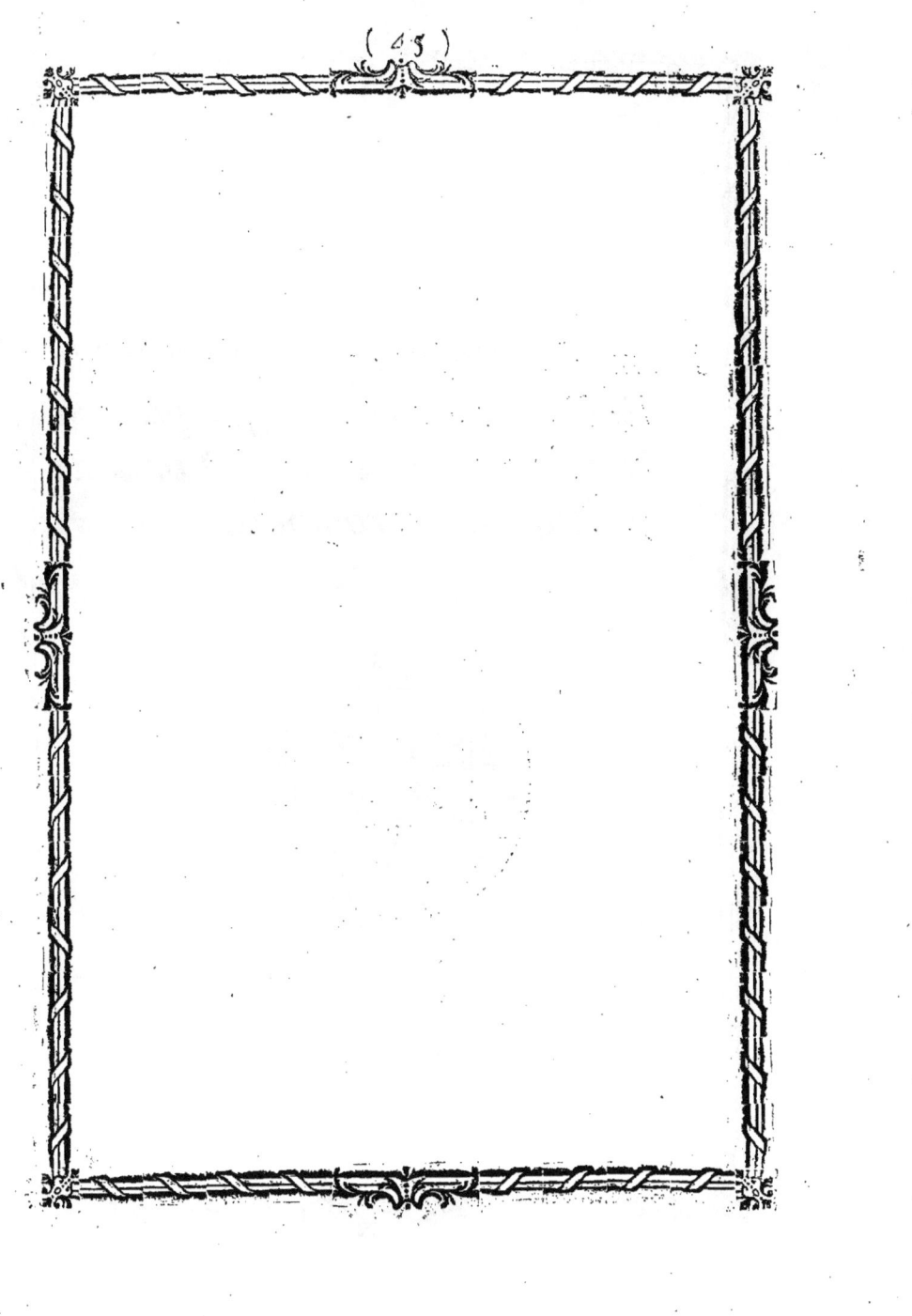

Forme du Cachet que l'on met sur les Boîtes des ouvrages que l'on envoie, afin que les Dames ne soient point trompées.

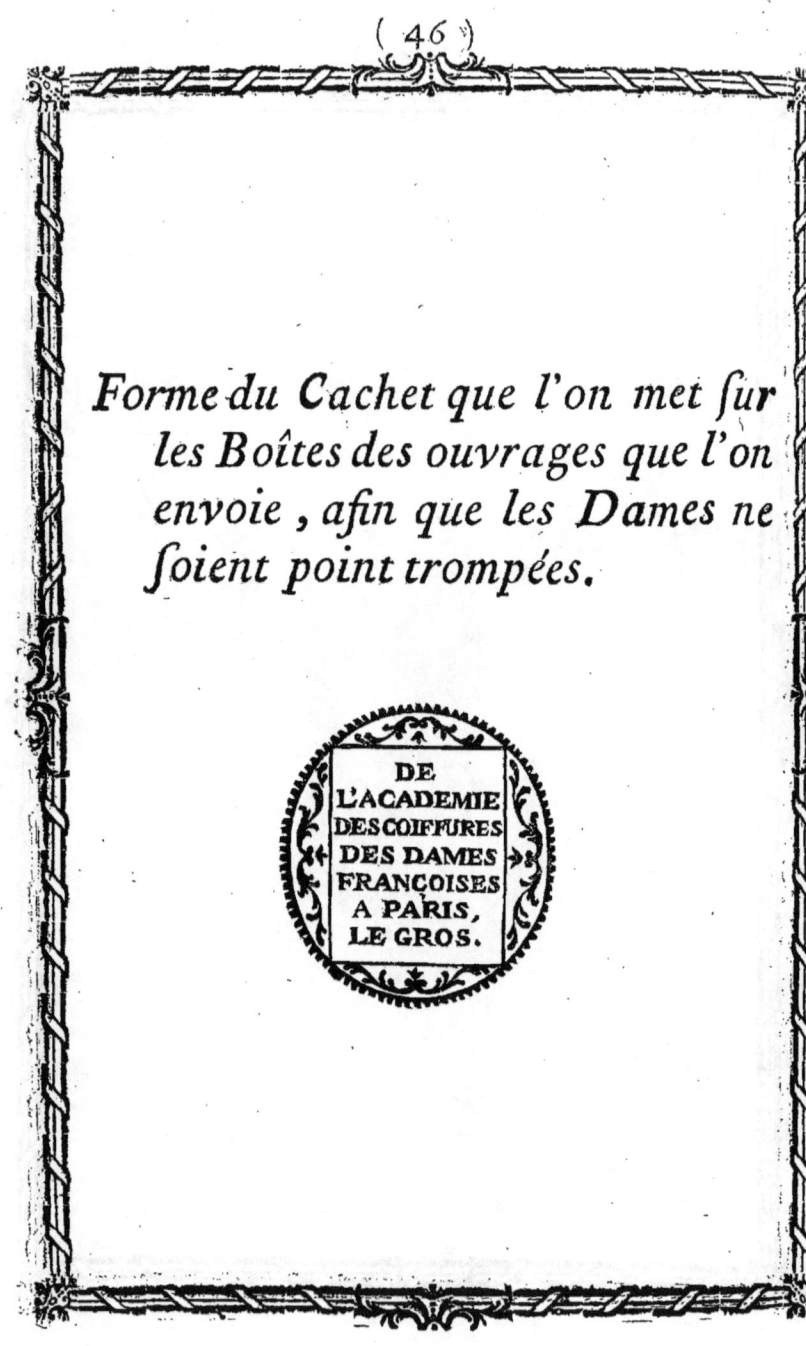

DE L'ACADEMIE DES COIFFURES DES DAMES FRANÇOISES A PARIS, LE GROS.

APPROBATION.

Lu & approuvé ce 24 Octobre 1768.
      M A R I N.

PRIVILÉGE DU ROI.

LOUIS, PAR LA GRACE DE DIEU ROI DE FRANCE ET DE NAVARRE, à nos amés & féaux Conseillers les Gens tenans nos Cours de Parlement, Maîtres des Requêtes ordinaires de notre Hôtel, grand Conseil, Prévôt de Paris, Baillifs, Sénéchaux, leurs Lieutenans. Civils & autres nos Justiciers qu'il appartiendra, SALUT. Notre amé le Sieur LEGROS, Coëffeur à Paris, nous a fait exposer qu'il souhaiteroit faire graver & donner au Public un Ouvrage de sa composition, intitulé: l'*Art de la Coëffure des Dames Françoises, avec des Estampes & des Supplémens*, &c. s'il nous plaisoit lui accorder nos Lettres de Privilége pour ce nécessaires. A ces causes, voulant favorablement traiter l'Exposant, nous lui avons permis & permettons par ces Présentes, de faire graver l'Art de la Coëffure des Dames Françoises ci-dessus énoncé, en telle forme & autant de fois que bon lui semblera, & de le debiter ou faire debiter par tout notre Royaume, pendant le tems de six années consécutives, à compter du jour de la date des Présentes : faisons défenses à tous Dessinateurs, Graveurs, Imprimeurs en taille-douce, & autres personnes, de quelque qualité & condition qu'elles soient, de graver ou faire graver, debiter ou faire ledit Ouvrage, d'en introduire dans le Royaume de gravures étrangeres, ni d'en faire aucuns extraits sous quelque prétexte que ce puisse-être, sans la permission expresse & par écrit dudit Exposant, ou de ceux qui auront droit de lui, à peine de confiscation tant des Desseins, Planches & Estampes, que des ustensiles qui auront servi à la contre-façon, que nous entendons être saisis en quelque lieu qu'ils soient, de trois mille livres d'amende contre chacun des contrevenans, dont un tiers à nous, un tiers à l'Hôtel-Dieu de Paris, & l'autre tiers audit Exposant, ou à celui qui aura droit de lui, & de tous dépens, dommages & intérêts ; à la charge que ces Présentes seront enrégistrées tout au long sur le Registre de la Communauté des Imprimeurs & Libraires de Paris dans trois mois de la date d'icelles ; que la gravure dudit Ouvrage sera faite dans notre Royaume & non ailleurs : qu'avant de les mettre en vente, les Desseins ou Estampes qui auront servi à la gravure des Planches, seront remis dans le même état où l'approbation y aura été donnée, ès mains de notre très-cher & féal Chevalier, Chancelier de France le sieur de LAMOIGNON, & qu'il en sera ensuite remis deux Exemplaires dans notre Bibliothéque publique, un dans celle de notre Château du Louvre, un dans celle de notredit sieur de LAMOIGNON, & un dans celle de notre très-cher & féal Chevalier Vice-Chancelier & Gard: des Sceaux de France le sieur de MAUPEOU: le tout à peine de nullité des Présentes: du contenu desquelles vous mandons & enjoignons de faire jouir ledit Exposant & ses ayans cause, pleinement & paisiblement, sans souffrir qu'il leur soit fait aucun trouble ou empêchement. Voulons que la copie des Présentes, qui sera imprimée tout au long au commencement ou à la fin dudit Ouvrage, soit tenue pour duement signifiée, & qu'aux copies collationnées par l'un de nos amés & féaux Conseillers Secrétaires, foi soit ajoutée comme à l'original. Commandons au premier notre Huissier ou Sergent sur ce requis, de faire pour l'exécution d'icelles tous actes requis & nécessaires, sans demander autre permission, & nonobstant clameur de Haro, Charte Normande, & Lettres à ce contraire: car tel est notre plaisir. Donné à Versailles le vingtieme jour du mois d'Avril, l'an de grace mil sept cent soixante-huit, & de notre regne le cinquante-troisieme. Par le Roi en son Conseil.

Signé LEBEGUE.

Regiſtré ſur le Regiſtre XVII de la Chambre Royale & Syndicale des Libraires & Imprimeurs de Paris, N. 75, fol. 415, conformément au Réglement de 1723, qui fait défenſes, art. XLI, à toutes perſonnes de quelque qualité & condition qu'elles ſoient, autres que les Libraires & Imprimeurs, de vendre, debiter, faire afficher aucuns Livres pour les vendre en leurs noms, ſoit qu'ils s'en diſent les Auteurs ou autrement, & à la charge de fournir à la ſuſdite Chambre neuf exemplaires preſcrits par l'Art. CVIII du même Réglement. A Paris, ce 26 Avril 1768. GANEAU, *Syndic.*

III. SUPPLEMENT
DE L'ART DE LA COËFFURE
DES DAMES FRANÇOISES,

COMPOSÉ de seize Coëffures différentes dans le dernier goût & le plus à la mode, suivant la Cour & la Ville, le Bal & le Théâtre.

Pour l'Année 1770.

Par le sieur LEGROS, ci-devant Enclos des Quinze-Vingts, & présentement rue S. Honoré, attenant le Palais Royal, vis-à-vis les Quinze-Vingts.

Ustensiles de l'Art des Dames  de la Coëffure Françoises.

A PARIS,
Chez ANTOINE BOUDET, Imprimeur du Roi, rue S. Jacques, à la Bible d'Or.

MDCCLXIX.
AVEC APPROBATION, ET PRIVILÉGE DU ROI.

TROISIÉME SUPPLÉMENT
DE L'ART
DE LA COËFFURE
DES
DAMES FRANÇOISES.

J'AI jugé à propos de ne point mettre dans ce dernier Supplément de feuilles volantes entre les Coëffures, attendu que plus les Livres sont gros, plus il en coûte de port, & cela devient considérable pour l'Etranger. Mais j'ai arrangé les Coëffures en conséquence, & un enfant peut le concevoir sans s'y tromper : ce Supplément contient seize Coëffures, lesquelles sont dessinées & gravées d'après mes grands Desseins originaux qui restent à la premiere Classe de mon Académie, pour servir de modele aux Eleves. Il est parfait, & deviendra ami des Coëffeurs & Coëffeuses ; ainsi il sera propre aux Marchandes de Modes, & aux Peintres de portraits; car je l'ai mis à la portée de toutes les personnes à talens, qui travaillent pour la toilette des Dames.

 Je me vois donc enfin forcé

 De me mettre dedans un Corps,

 Où avec le mien compaffé

 Il ne s'y trouve aucun rapport:

 Entré dans un état

 Que je ne connois pas,

 Malgré moi

 C'eft en frauder le droit.

Puifqu'il eft prouvé que c'eft moi qui a compofé mon Art, & tous mes Ouvrages en général fans avoir été montré de perfonne; on auroit du me laiffer libre afin de m'engager à faire encore de plus belles chofes, attendu que les Artiftes à talens travaillent toujours au profit de l'État, comme il eft prouvé par la rentrée de l'argent de leurs Ouvrages dans toute l'étendue du Royaume. Il faut obferver que je ne travaille que pour la Coëffure des Dames, & que je ne connois aucunement le Métier de Perruquier.

Pour coëffer les Dames en cheveux artificiels, il faut les sçavoir coëffer supérieurement en cheveux naturels, & bien connoître la proportion de toutes les têtes, ainsi que l'air du visage.

C'est mon déménagement qui m'oblige à faire paroître sitôt mon troisiéme Supplément.

Le Livre de l'Art de la Coëffure, relié & enluminé, se vend quarante-huit livres; & broché, sans être enluminé, il se vend vingt-quatre livres.

Le premier Supplément enluminé se vend neuf livres, & sans être enluminé six livres.

Le deuxième Supplément enluminé se vend dix-huit livres, & sans être enluminé douze livres.

Le troisième Supplément enluminé se vend quinze livres, & sans être enluminé neuf livres.

Il a eu l'honneur d'envoyer ses Supplémens, ainsi que son Livre de l'Art de la Coëffure, aux Reines de l'Europe.

Forme des trois Cachets que l'on donne aux Eleves qui coëfferont conformément aux Eſtampes des trois Supplémens, avec des Certificats imprimés.

Forme du Cachet que l'on met sur les Boîtes des Ouvrages que l'on envoie en Province ou dans les Cours étrangeres, afin que les Dames ne soient point trompées.

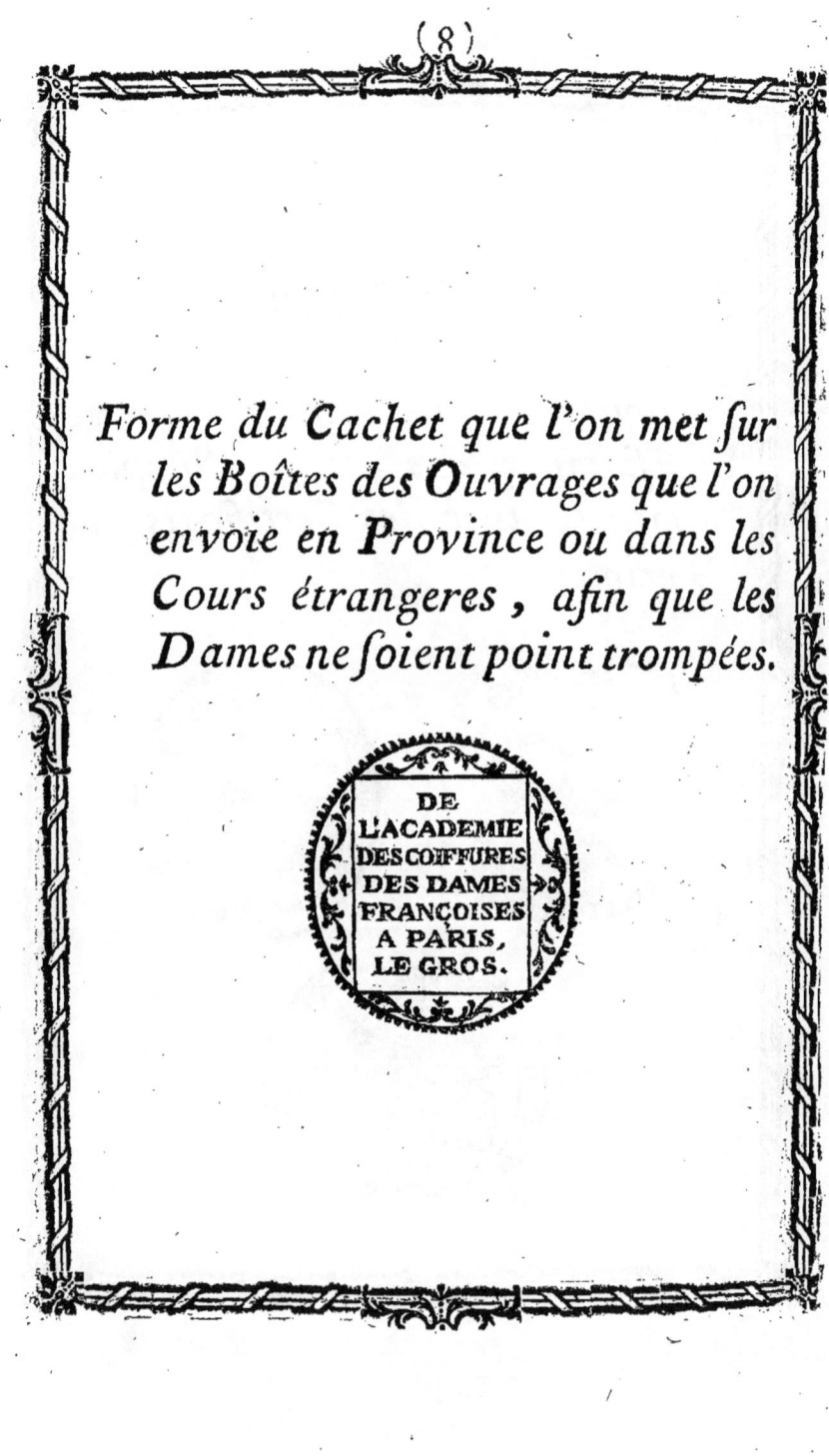

APPROBATION.

Lu & approuvé ce 22 Mai 1769.
MARIN.

PRIVILÉGE DU ROI.

LOUIS, PAR LA GRACE DE DIEU ROI DE FRANCE ET DE NAVARRE, à nos amés & feaux Conseillers les Gens tenans nos Cours de Parlement, Maîtres des Requêtes ordinaires de notre Hôtel, grand Conseil, Prévôt de Paris, Baillifs, Sénéchaux, leurs Lieutenans. Civils & autres nos Justiciers qu'il appartiendra, SALUT. Notre amé le Sieur LEGROS, Coëffeur à Paris, nous a fait exposer qu'il souhaiteroit faire graver & donner au Public un Ouvrage de sa composition, intitulé: l'*Art de la Coëffure des Dames Françoises, avec des Estampes & des Supplémens*, &c. s'il nous plaisoit lui accorder nos Lettres de Privilége pour ce nécessaires. A ces causes, voulant favorablement traiter l'Exposant, nous lui avons permis & permettons par ces Présentes, de faire graver l'Art de la Coëffure des Dames Françoises ci-dessus énoncé, en telle forme & autant de fois que bon lui semblera, & de le debiter ou faire debiter par tout notre Royaume, pendant le tems de six années consécutives, à compter du jour de la date des Présentes : faisons défenses à tous Dessinateurs, Graveurs, Imprimeurs en taille-douce, & autres personnes, de quelque qualité & condition qu'elles soient, de graver ou faire graver, debiter ou faire ledit Ouvrage, d'en introduire dans le Royaume de gravures étrangères, ni d'en faire aucuns extraits sous quelque prétexte que ce puisse être, sans la permission expresse & par écrit dudit Exposant, ou de ceux qui auront droit de lui, à peine de confiscation tant des Desseins, Planches & Estampes, que des ustensiles qui auront servi à la contrefaçon, que nous entendons être saisis en quelque lieu qu'ils soient, de trois mille livres d'amende contre chacun des contrevenans, dont un tiers à nous, un tiers à l'Hôtel-Dieu de Paris, & l'autre tiers audit Exposant, ou à celui qui aura droit de lui, & de tous dépens, dommages & intérêts ; à la charge que ces Présentes seront enrégistrées tout au long sur le Registre de la Communauté des Imprimeurs & Libraires de Paris dans trois mois de la date d'icelles ; que la gravure dudit Ouvrage sera faite dans notre Royaume & non ailleurs : qu'avant de les mettre en vente, les Desseins ou Estampes qui auront servi à la gravure des Planches, seront remis dans le même état où l'approbation y aura été donnée, ès mains de notre très-cher & féal Chevalier, Chancelier de France le sieur de LAMOIGNON, & qu'il en sera ensuite remis deux Exemplaires dans notre Bibliothéque publique, un dans celle de notre Château du Louvre, un dans celle de notredit sieur de LAMOIGNON, & un dans celle de notre très-cher & féal Chevalier Vice-Chancelier & Garde des Sceaux de France le sieur de MAUPEOU : le tout à peine de nullité des Présentes : du contenu desquelles vous mandons & enjoignons de faire jouir ledit Exposant & ses ayans cause, pleinement & paisiblement, sans souffrir qu'il leur soit fait aucun trouble ou empêchement. Voulons que la copie des Présentes, qui sera imprimée tout au long au commencement ou à la fin dudit Ouvrage, soit tenue pour duement signifiée, & qu'aux copies collationnées par l'un de nos amés & féaux Conseillers Secrétaires, foi soit ajoutée comme à l'original. Commandons au premier notre Huissier ou Sergent sur ce requis, de faire pour l'exécution d'icelles tous actes requis & nécessaires, sans demander autre permission, & nonobstant clameur de Haro, Charte Normande, & Lettres à ce contraire : car tel est notre plaisir. Donné à Versailles le vingtieme jour du mois d'Avril, l'an de grace mil sept cent soixante-huit, & de notre regne le cinquante-troisieme. Par le Roi en son Conseil.

Signé LEBEGUE.

Registré sur le Registre XVII de la Chambre Royale & Syndicale des Libraires & Imprimeurs de Paris, N. 75, fol. 415, conformément au Réglement de 1723, qui fait défenses, art. XLI, à toutes personnes de quelque qualité & condition qu'elles soient, autres que les Libraires & Imprimeurs, de vendre, debiter, faire afficher aucuns Livres pour les vendre en leurs noms, soit qu'ils s'en disent les Auteurs ou autrement, & à la charge de fournir à la susdite Chambre neuf exemplaires prescrits par l'Art. CVIII du même Réglement. A Paris, ce 26 Avril 1768. GANEAU, *Syndic.*

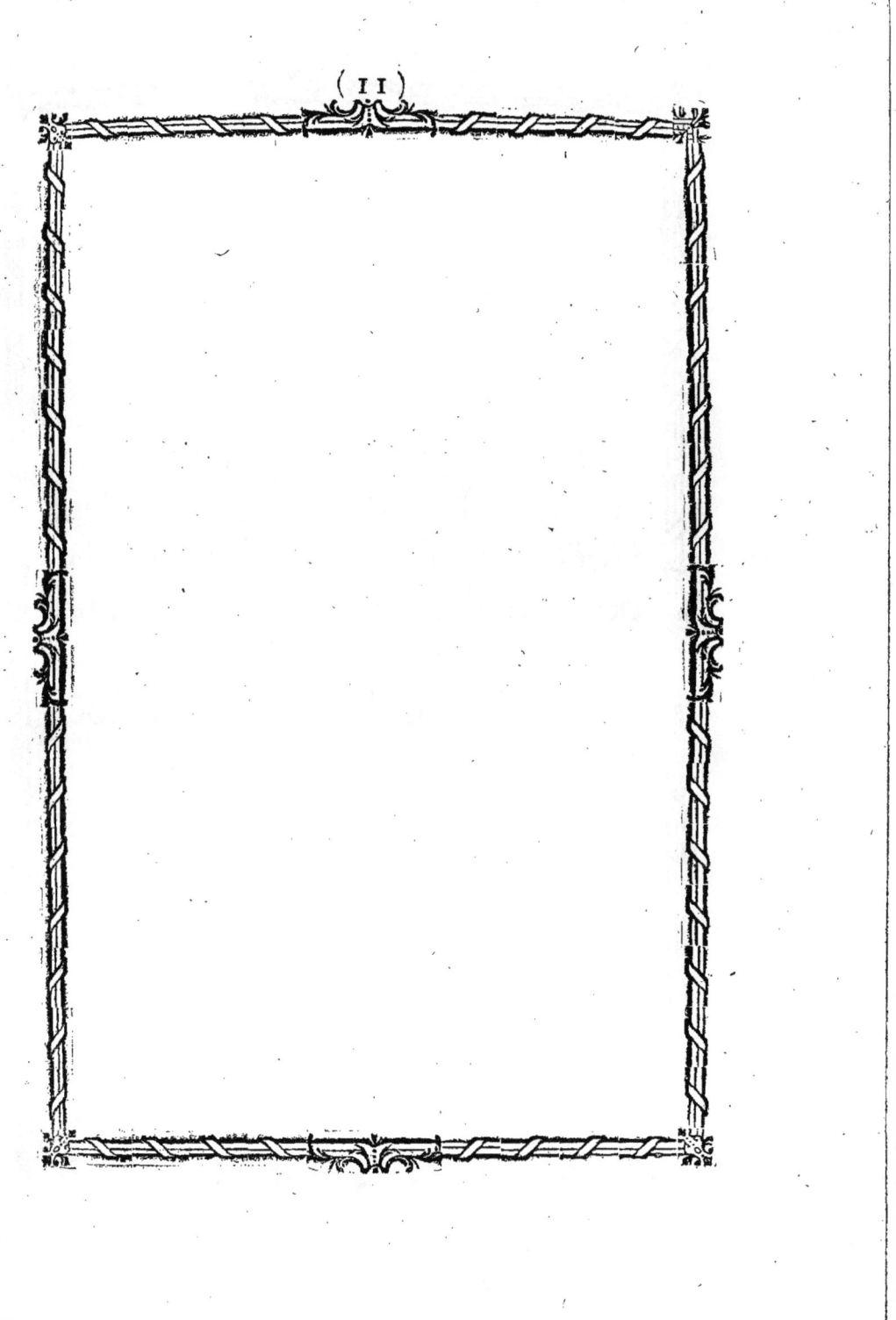

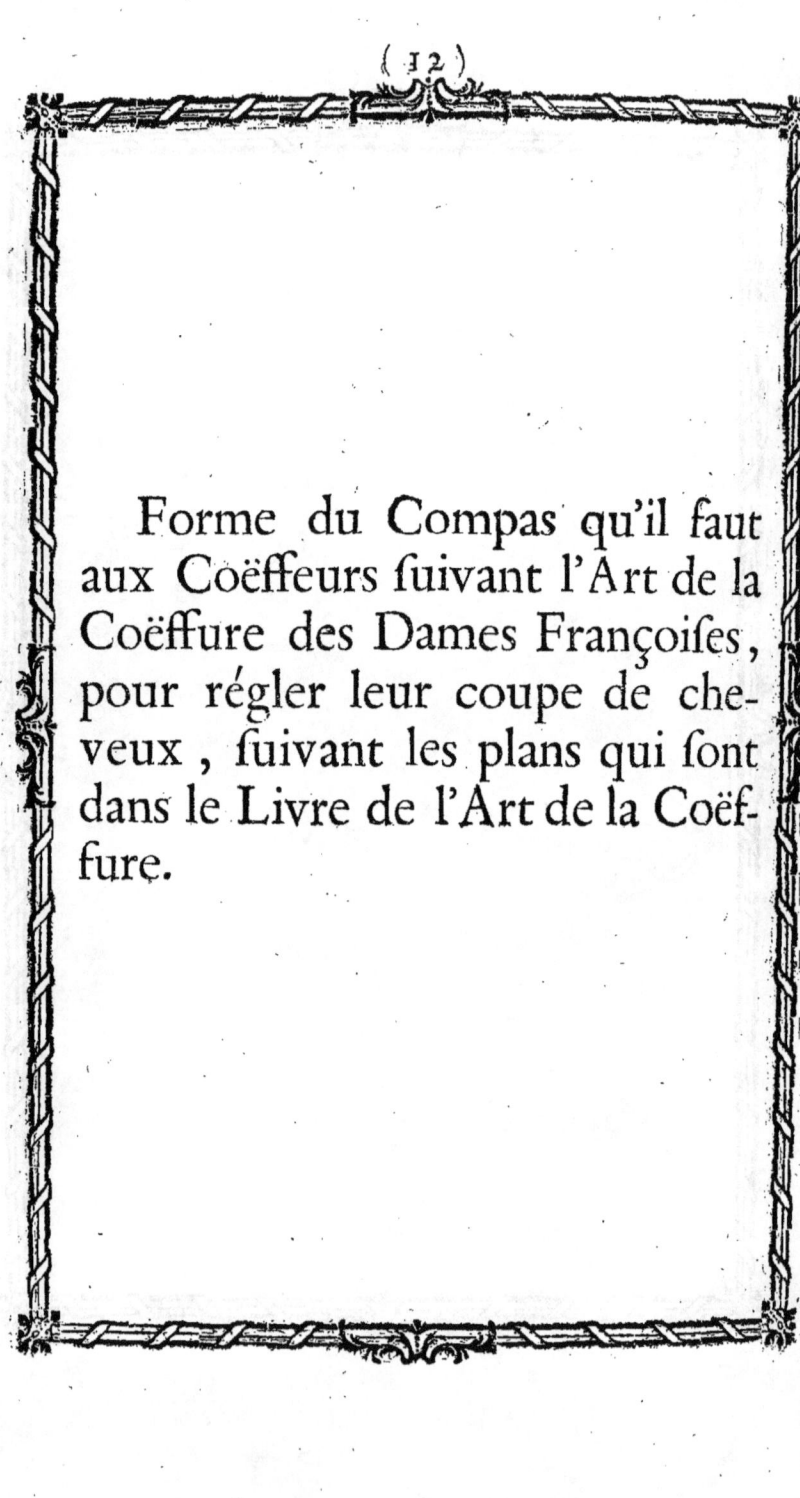

Forme du Compas qu'il faut aux Coëffeurs suivant l'Art de la Coëffure des Dames Françoises, pour régler leur coupe de cheveux, suivant les plans qui sont dans le Livre de l'Art de la Coëffure.

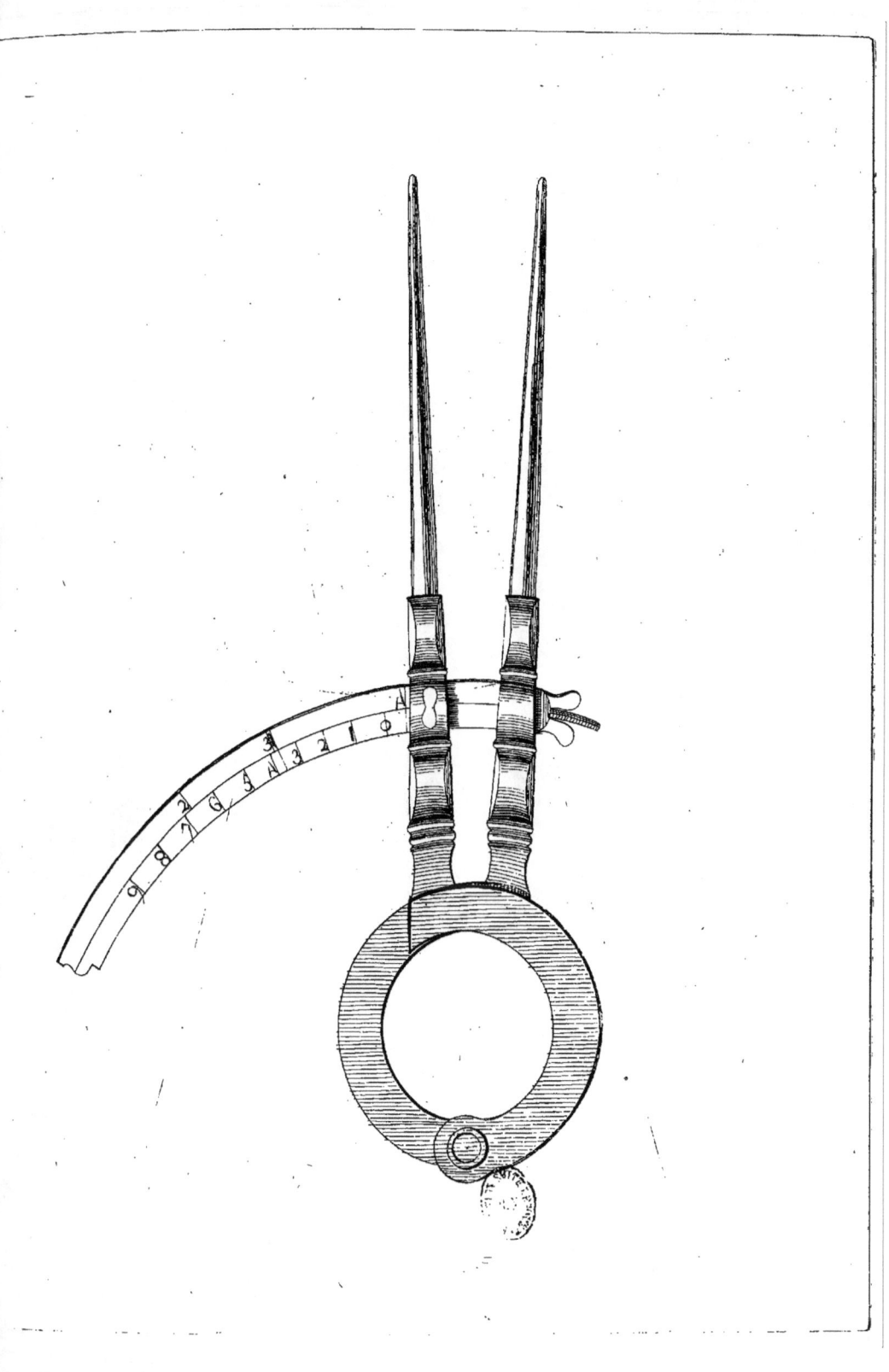

65

68

70

72

75

IV. SUPPLEMENT
DE L'ART DE LA COËFFURE
DES DAMES FRANÇOISES,

COMPOSÉ de vingt-deux Coëffures différentes dans le dernier goût & le plus à la mode, suivant la Cour & la Ville, le Bal & le Théâtre.

POUR L'ANNÉE 1771.

Par le sieur LEGROS, rue S. Honoré, attenant le Palais Royal, vis-à-vis les Quinze-Vingts.

Ustensiles de l'Art des Dames  de la Coëffure Françoises.

A PARIS,
Chez ANTOINE BOUDET, Imprimeur du Roi, rue S. Jacques, à la Bible d'Or.

M D C C L X X.
AVEC APPROBATION, ET PRIVILÉGE DU ROI.

Le Livre de l'Art de la Coëffure, contenant 38 Coëffures, étant relié & enluminé, se vend 48 liv. & broché, sans être enluminé, il se vend 24 liv.

Le premier Supplément, contenant 6 Coëffures, enluminé se vend 9 liv. & sans être enluminé, 6 liv.

Le IJe Supplément, contenant 18 Coëffures, enluminé se vend 18 liv. & sans être enluminé, 12 liv.

Le IIIe Supplément, contenant 16 Coëffures, enluminé se vend 15 liv. & sans être enluminé, 9 liv.

Le IVe Supplément contenant 22 Coëffures, enluminé se vend 21 liv. & sans être enluminé, 15 liv.

Le Livre de tous les Supplémens, enluminé & relié en veau, se vend 54 livres ; & broché, sans être enluminé, 30 livres.

Le Sieur LEGROS a eu l'honneur d'envoyer tous ses Supplémens, ainsi que son Livre de l'Art de la Coëffure, aux Reines de l'Europe.

Forme des quatre Cachets que l'on donne aux Eleves qui coëfferont conformément aux Estampes des quatre Supplémens, avec des Certificats imprimés.

AVERTISSEMENT.

LES Mariages prochains, depuis si long-temps desirés, m'obligent à dévancer mon quatriéme Supplément plus promptement que je ne comptois le faire; mais voyant qu'il devient utile pour la nouveauté & la parure des magnificences à ce sujet, j'y ai fait toute diligence pour témoigner le zele que j'ai d'être utile.

Après avoir bien examiné, & le tout bien consideré, je ne trouve que 22 Coëffures différentes, bien distinguées & de bon goût.

Toutes ces Coëffures ont été gravées & dessinées d'après mes grands desseins originaux qui restent à la premiere Classe de mon Académie, pour servir de modele aux Eleves pour l'année 1771.

Le Livre de l'Art de la Coëffure avec les quatre Supplémens contient 100 Coëffures sans compter l'Amazone.

Il faut obferver que depuis deux ans j'ai ôté de mon Livre & de mes Supplémens 36 Coëffures qui n'étoient point de bon goût, & j'en ai remis 36 autres en place, plus élégantes, plus diftinguées, & d'un meilleur goût, afin de rendre mon Art plus parfait, attendu que dans les 100 Coëffures il s'en trouve qui feront toujours à la mode pour la Cour, la Ville, les Bals & les Théâtres.

Les Dames de bon goût changeront de Coëffure autant qu'elles le jugeront à propos; mais toutes leurs Coëffures fe trouveront toujours dans mon Livre de l'Art, ainfi que dans mes Supplémens, ou dans les 36 que j'ai fupprimées. Cependant les Dames, ainfi que les Coëffeurs, peuvent changer mes Coëffures de forme par la Garniture, fuivant l'air du vifage, & marier deux ou trois Coëffures enfemble, c'eft-à-dire, des Boucles plus courtes ou plus longues, plus ou moins dans un accommodage fur différentes formes, attendu que dans une de mes Coëffures l'on peut en faire plufieurs en changeant les Boucles de forme.

Tout un chacun pourra acheter mon Livre de l'Art de la Coëffure des Dames Françoifes ainfi que tous mes Supplémens, attendu qu'ils font pouffés à leur derniere perfection.

Ce dernier Supplément est pour faire mes adieux, & mes remercimens aux Reines & Princeffes, & aux Dames de bon goût qui m'ont fait l'honneur de m'accorder leurs fuffrages.

Si j'avois été un homme, comme bien d'autres, pour vendre & rançonner les Dames de conditions, & leur vendre mes Ouvrages quatre fois plus que leur valeur, je n'aurois plus befoin de travailler, & cela m'étoit facile, puifque je fuis le feul de mon état; mais non, je veux finir comme j'ai commencé, en vendant toujours mes Ouvrages aux Dames de condition le même prix qu'aux Dames bourgeoifes, attendu que chacun a fon état & fon rang à foutenir. Ah Dieu! pour deux jours que l'on a à vivre, il faut aller fon chemin droit, vu que l'on ne mange pas de deux pains à la fois: voilà ma façon de penfer.

OBSERVATION.

Le grand plan du Livre de l'Art de la Coëffure des Dames est pour faire toutes les Coëffures rondes en cheveux naturels; & le petit plan du Livre de l'Art est pour faire toutes les Coëffures à demi-rondes avec des petits Bonnets. Ainsi le goût de la Coëffure a changé de forme, comme on le voit par mes Supplémens, j'ai été obligé d'ajouter dans mon dernier & quatriéme Supplément deux nouveaux plans suivant la largeur des cheveux de face qu'il faut tenir pour faire toutes les Coëffures quarrées & à la Romaine, qui sont de mes Supplémens : ainsi les Dames, par le moyen des plans & des échelles, des cheveux & du compas, sont à même de se faire séparer & couper les cheveux dans la derniere régularité, sans qu'on puisse se tromper, suivant toutes les Coëffures des Supplémens & du Livre de l'Art de la Coëffure des Dames Françoises.

ECHELLE DE PROPORTION
De la Longueur de Cheveux qu'il faut tenir pour faire toute les Coeffures

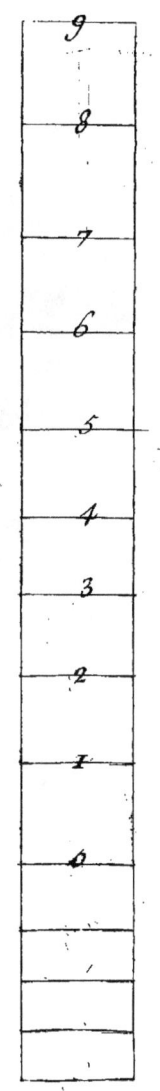

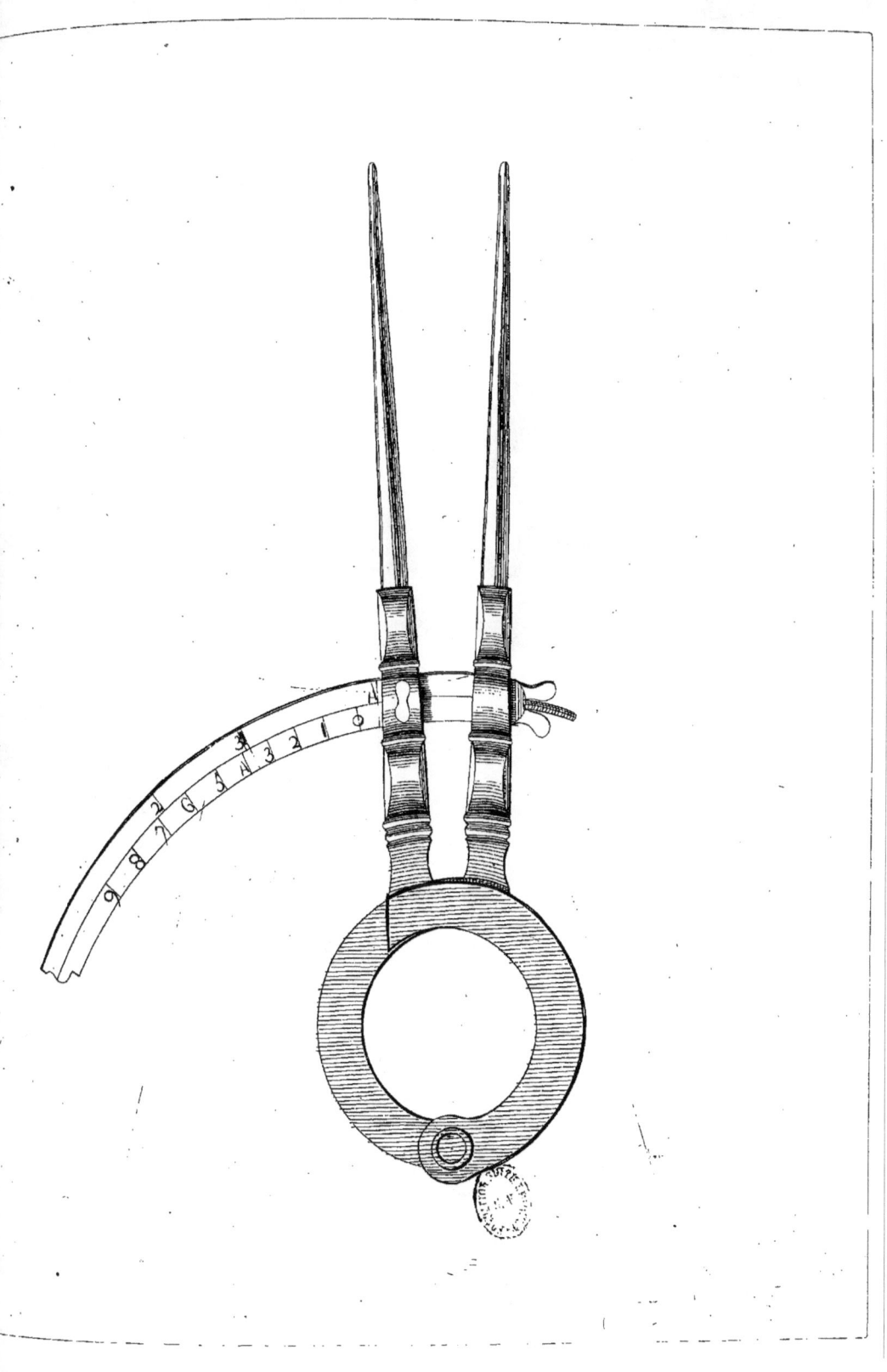

Forme du Compas qu'il faut aux Coëffeurs, pour bien séparer & couper les cheveux sans se tromper, suivant le plan & l'échelle des cheveux, comme on le verra par le chiffre qui annonce l'étage des racines longues & courtes.

Si c'est en vergette, on les coupera à deux ou trois lignes de hauteur, commençant de la racine; si c'est en petites racines courtes pour friser, il faut couper au zero commençant de la racine; si c'est pour faire des racines droites moitié frisées, il faut les couper à 1 ou au 2; si c'est pour faire de grandes racines droites, il les faut couper au 3 ou au 4 de hauteur, en commençant toujours du devant; ainsi les cheveux se trouveront en glacis depuis le chifre du devant jusqu'à celui de derriere. Cependant il y a des coupes de cheveux qu'il faut évider jusqu'au 4 ou 5 en les évidant depuis la quare du front jusqu'à l'oreille; alors cette coupe ne se trouve plus en glacis, mais cependant elle est bonne, malgré que les cheveux soient courts presque jusqu'au milieu de la largeur de la face.

J'ai mis & met les cheveux en comparaison d'un If & de la Charmille; il est vrai que chaque chose a son temps & sa maniere pour être conservée; explication que je me suis fait faire à moi-même allant voir un Jardinier François qui coupoit les Charmilles, à qui je demandai pourquoi il les coupoit: il me répondit que plus souvent on les coupoit en temps & lieu, & selon la saison, plus elles devenoient belles & épaisses, attendu, me dit-il, que les longues branches étouffent les petites; ainsi il en est de même des Cheveux: il me dit une autre comparaison des petits Buis de parterre.

De plus faisant ma tournée, j'ai vu un Jardinier Allemand qui coupoit les Ifs, & il me dit que plus il les coupoit souvent en temps & lieu selon la saison convenable, plus ils devenoient beaux & épais: ainsi les cheveux demandent la même attention, & cela nous prouve combien il est nécessaire de couper les cheveux souvent aux Dames, afin de les conserver, comme il est expliqué dans mon Livre de l'Art de la Coëffure des Dames.

Hélas! pourquoi porter des cheveux faux pendant que l'on peut en porter de naturels!

le plus bel ornement de la tête font les cheveux & sur-tout les naturels. Mon temps ne me permet pas d'en écrire davantage, attendu qu'il n'y pas encore assez de fond à la Cuisine; mais si j'ai quelque jour le moyen de me faire une fortune honnête, je ferai un Livre de démonstration de l'Art de la Coëffure des Dames, par laquelle je ferai voir clairement par principe la marche & la maniere de parvenir à coëffer les Dames sans avoir appris, pourvu que l'on ait du goût & du jugement pour cet Art, & que l'on s'applique aux démonstrations qui seront expliquées, ainsi que le Livre mécanique où est démontré la façon & la maniere de faire tous mes Ouvrages faits en cheveux faux, qui se montent à plus de trois cents piéces différentes.

OBSERVATION.

Il est à remarquer que pour faire ces deux Livres, il ne faut avoir rien à penser, & que ce sera un Ouvrage au moins de six ans, vu qu'il y aura plus de 200 planches à faire graver: pour former le Livre de mécanique, il faut que je dessine d'après mes modeles, &

que j'écrive la marche & la maniere de faire les proportions des cheveux faux, & monture qu'il faut pour parvenir à la perfection de tous ces ouvrages qui seront démontrés concernant ce Livre.

(13)

La soixante-dix-neuvième Oade resté à un envoy de Compositeur. &c. Et ensuite, à mon tour, estre pour former la Classe de ces Dames, à l'heure avancée des trois heures, & mois suis de ca matron resté en Carré.

La soixante-dix-neuviéme Coëffure est à un rang de Coques longues, appuyées sur un petit coussin affilé, & des rubans montés dessus, pour former la Coque & des Barbes de blonde retroussées par derriere, & trois Boucles en marron jettées en devant.

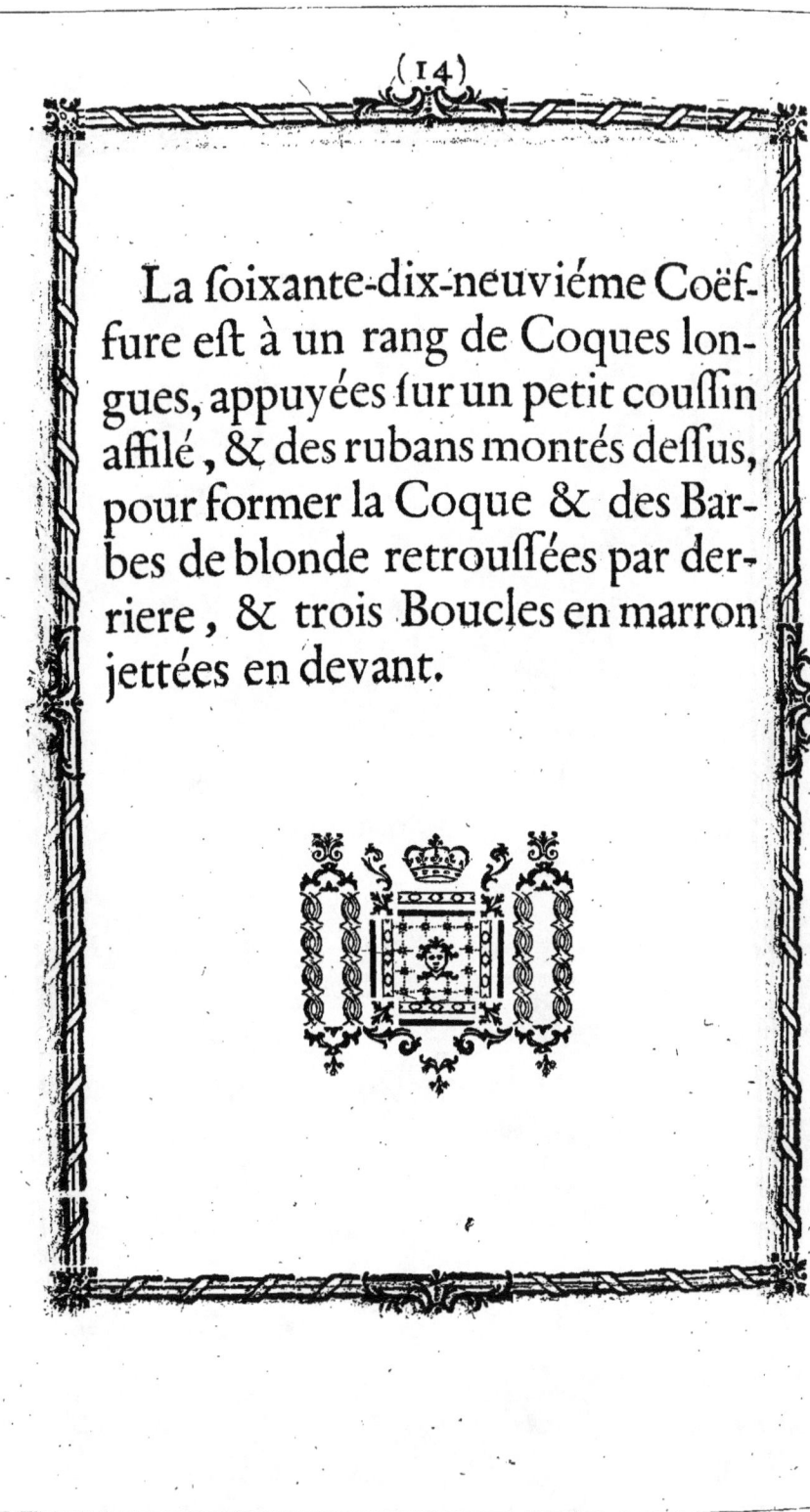

La quatre-vingtiéme Estampe représente une Coëffure à la Romaine, à un rang de Coque, mais en place de Coque l'on peut y faire un rang de Boucles.

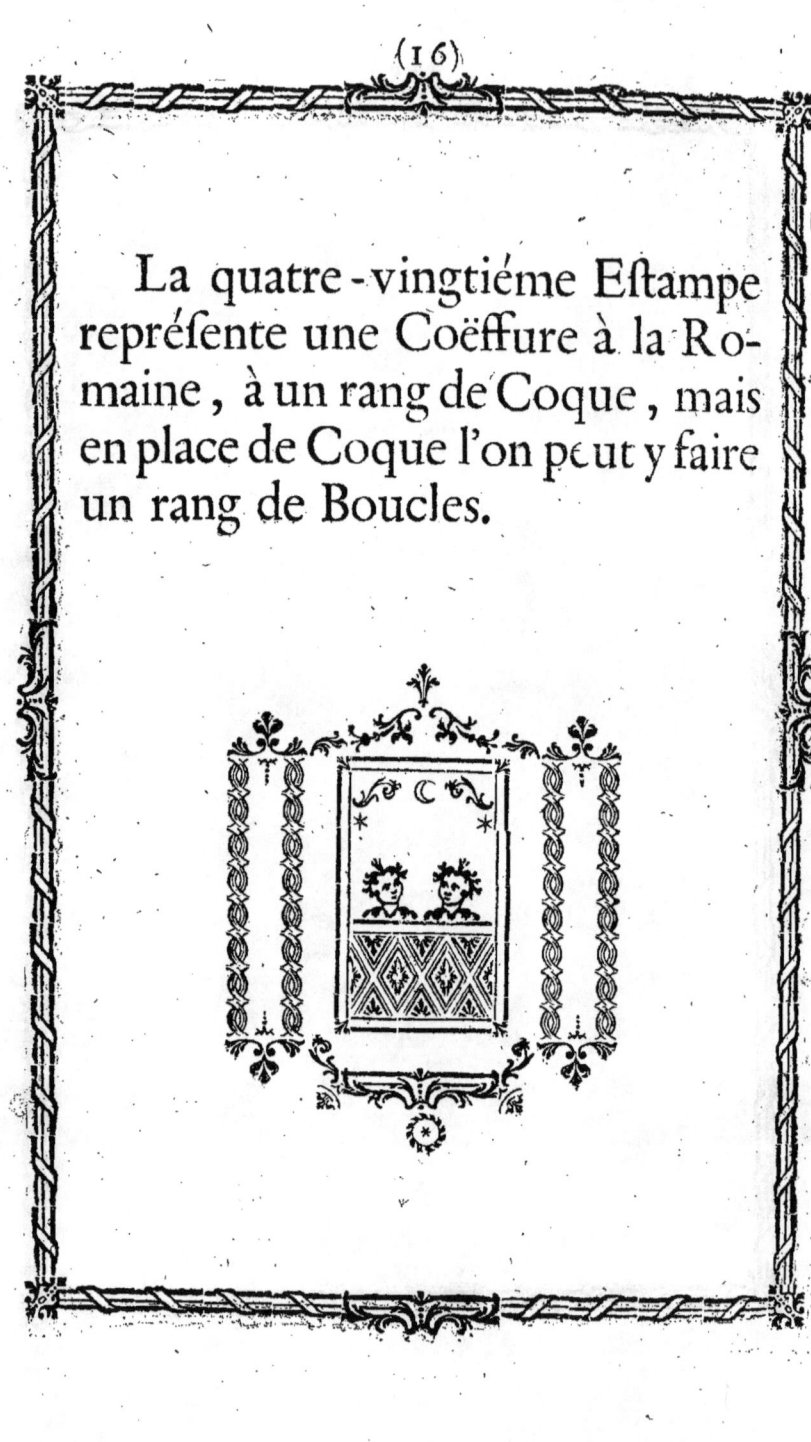

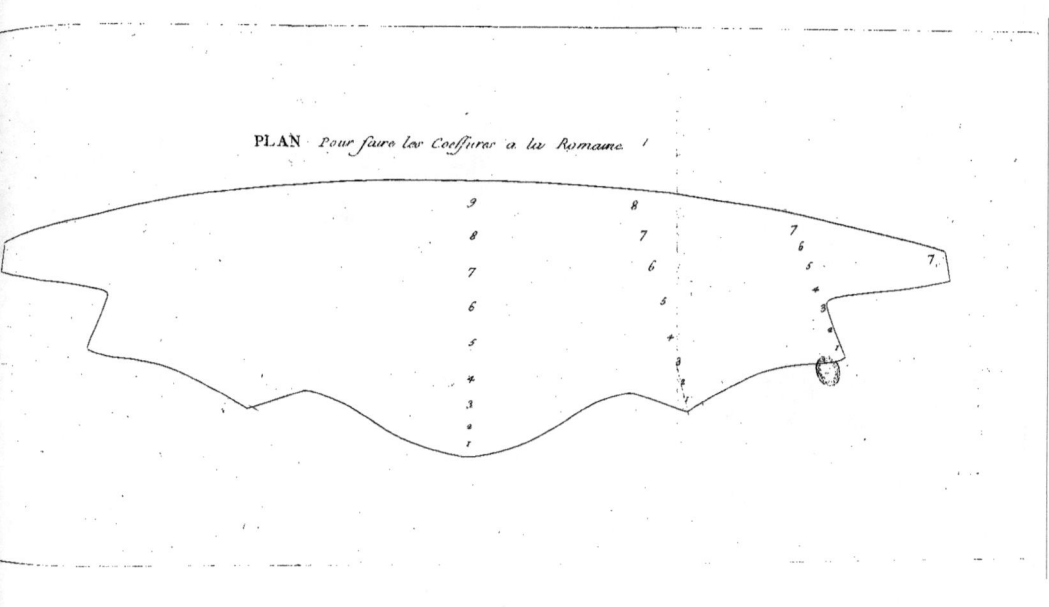

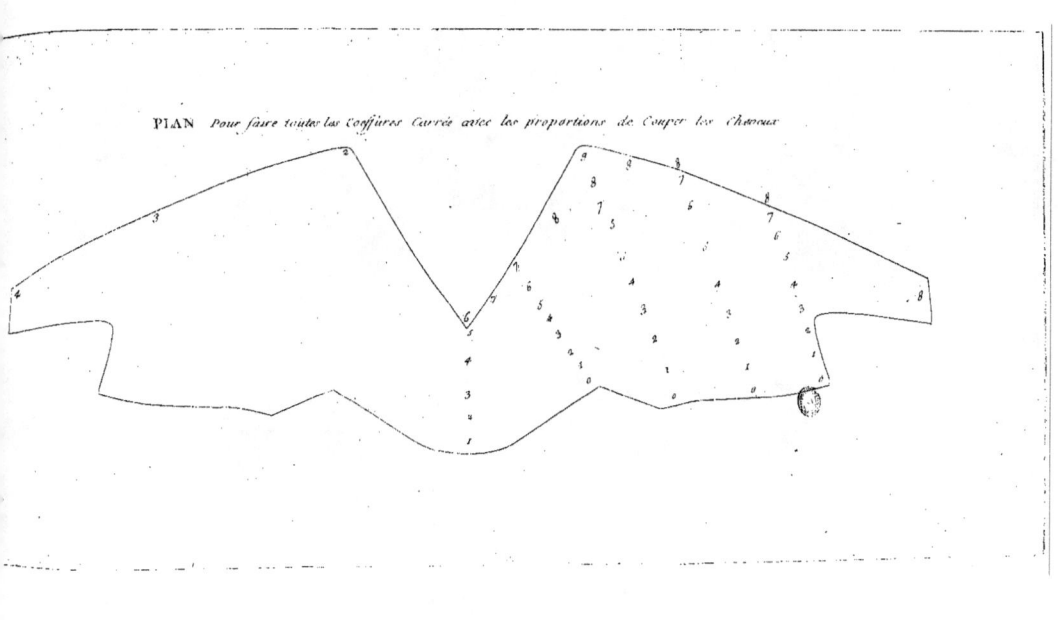

PLAN Pour faire toutes les Coiffures Carrées avec les proportions de Couper les Cheveux.

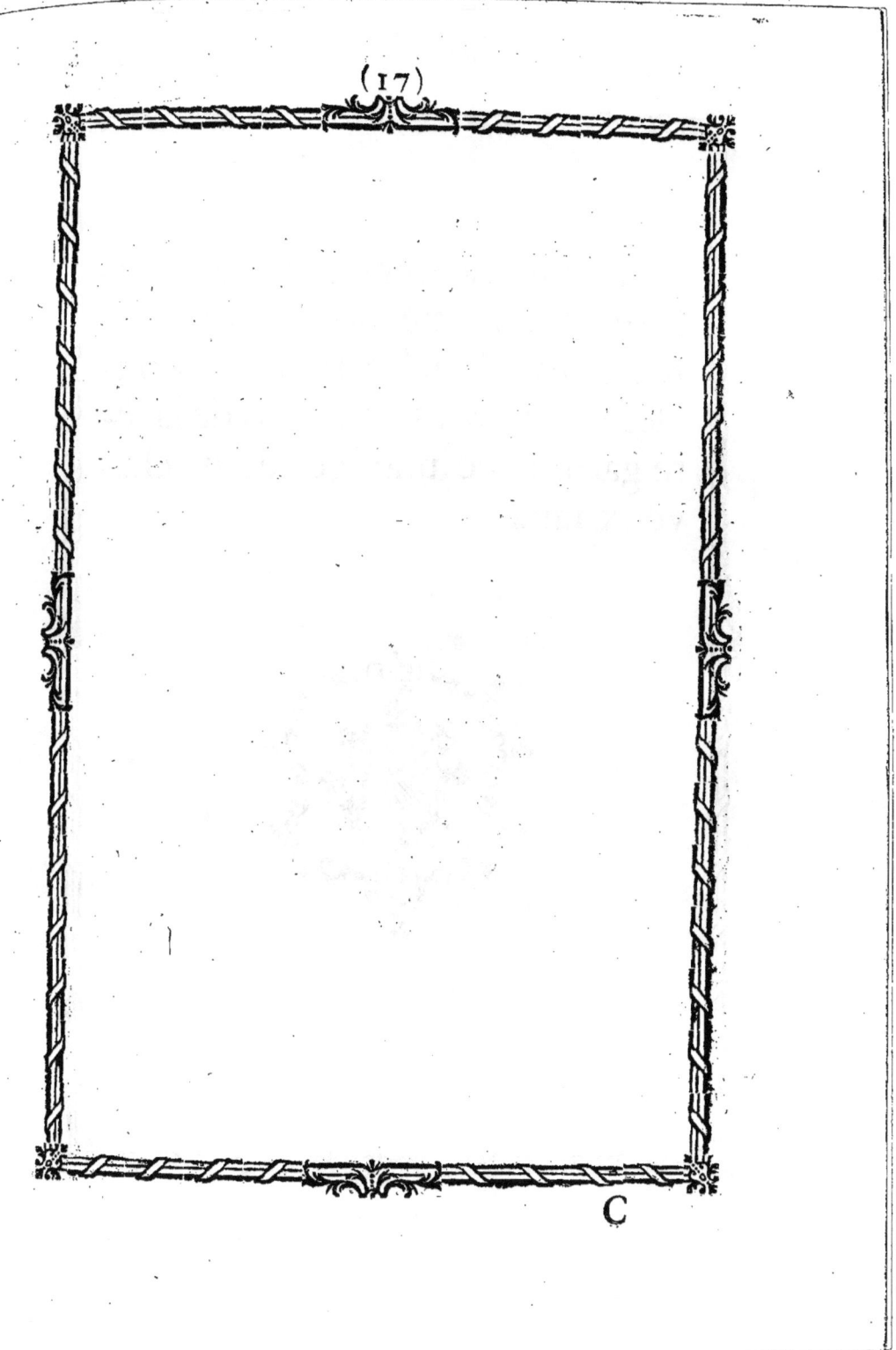

La quatre-vingt-uniéme Coëffure est à moitié Boucles rondes, tournées, Boucles droites & Boucles en marrons, le dessus de la tête garni avec une Toque de cheveux faux.

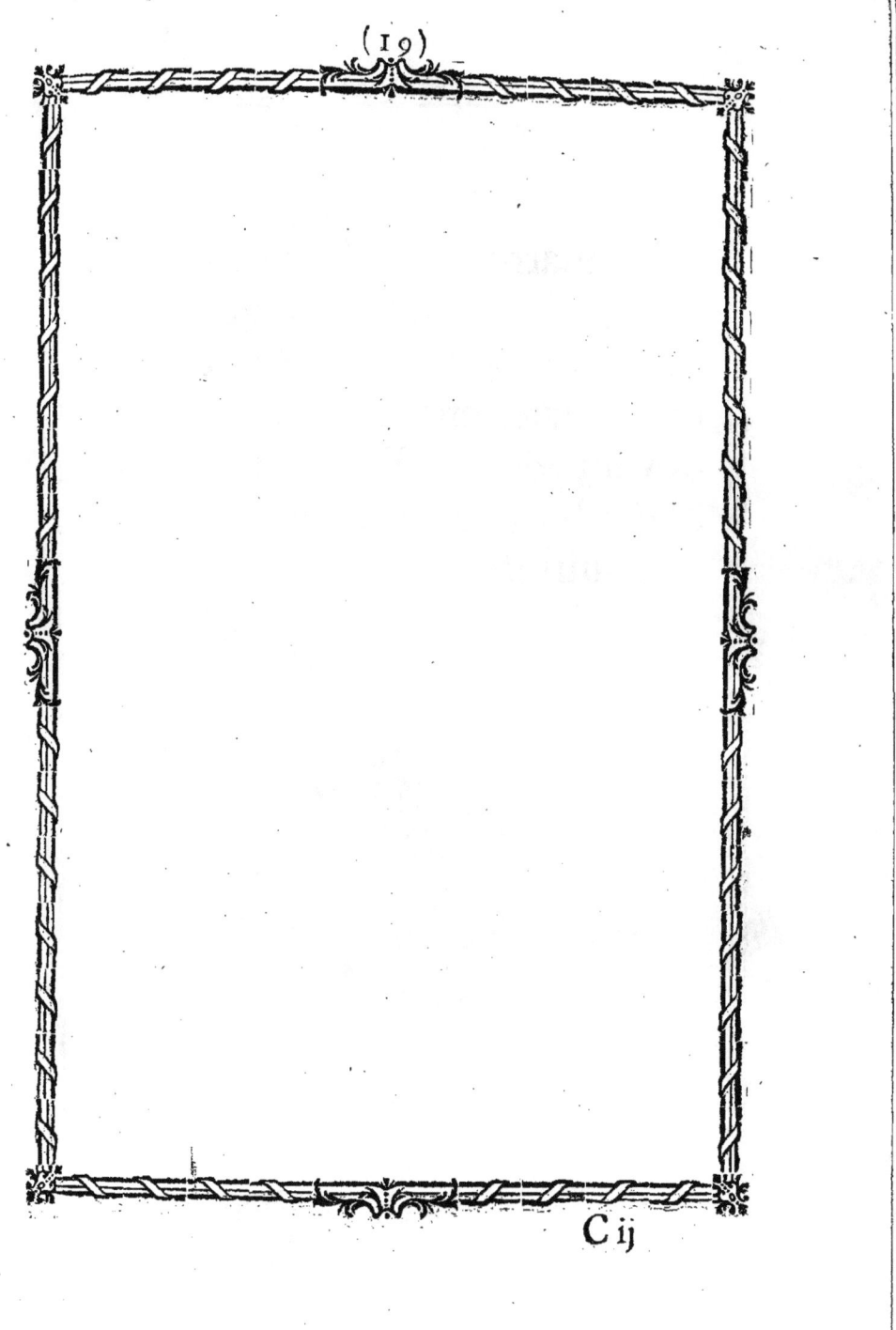

(20)

La quatre-vingt-deuxiéme Coëffure est à un rang de Coques, une ligne de Coques en fusée, & quatre Boucles en marrons, jettées en devant, & une Toque de rubans, & des Blondes montées sur un petit coussin.

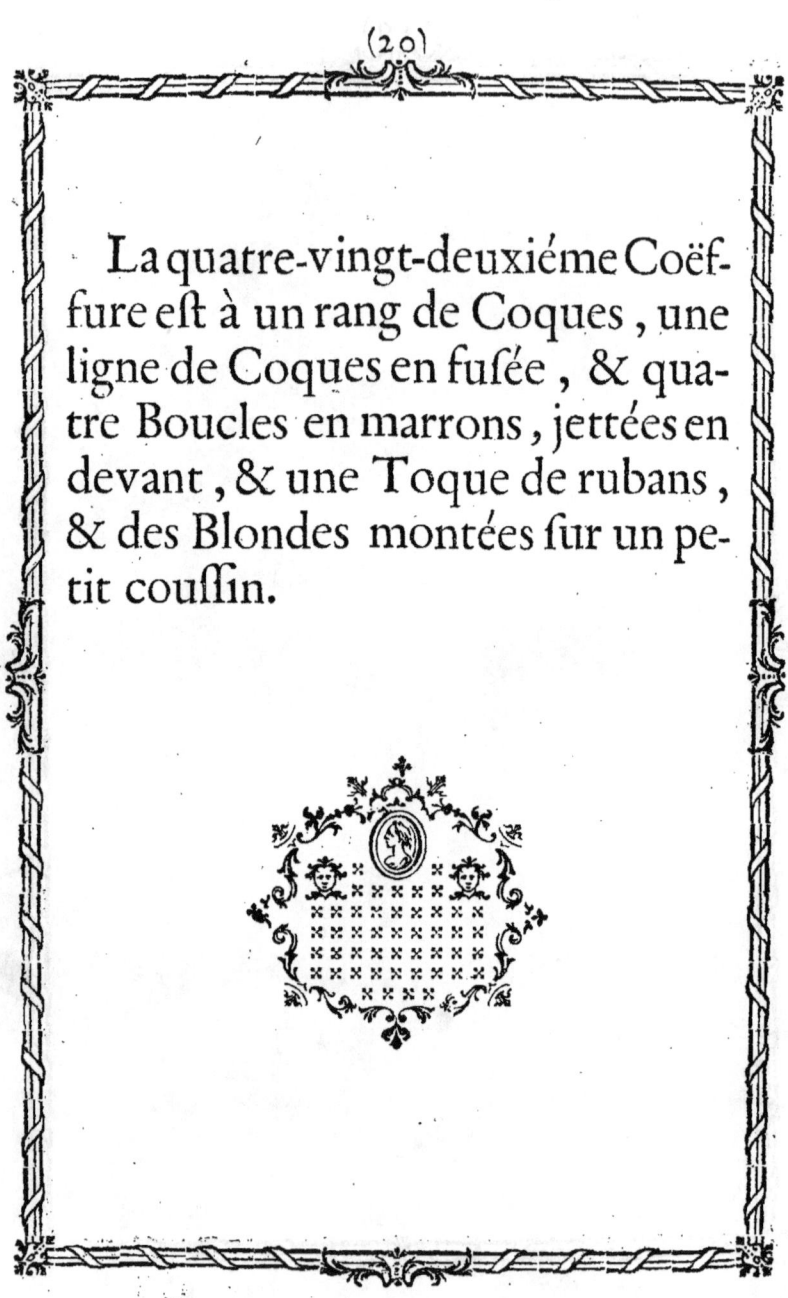

La quatre-vingt-troisiéme Estampe représente une Coëffure à la Romaine à un rang de crochets.

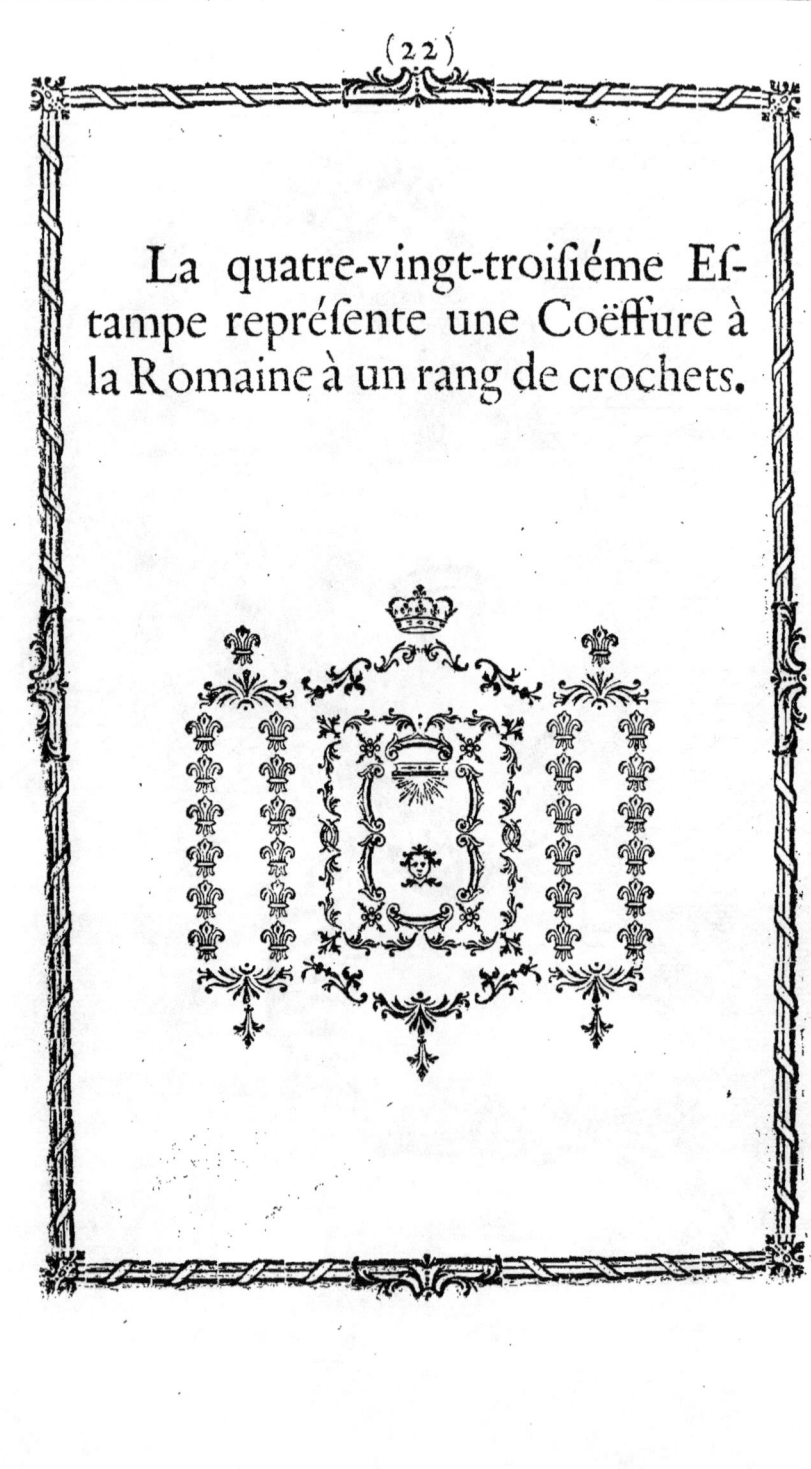

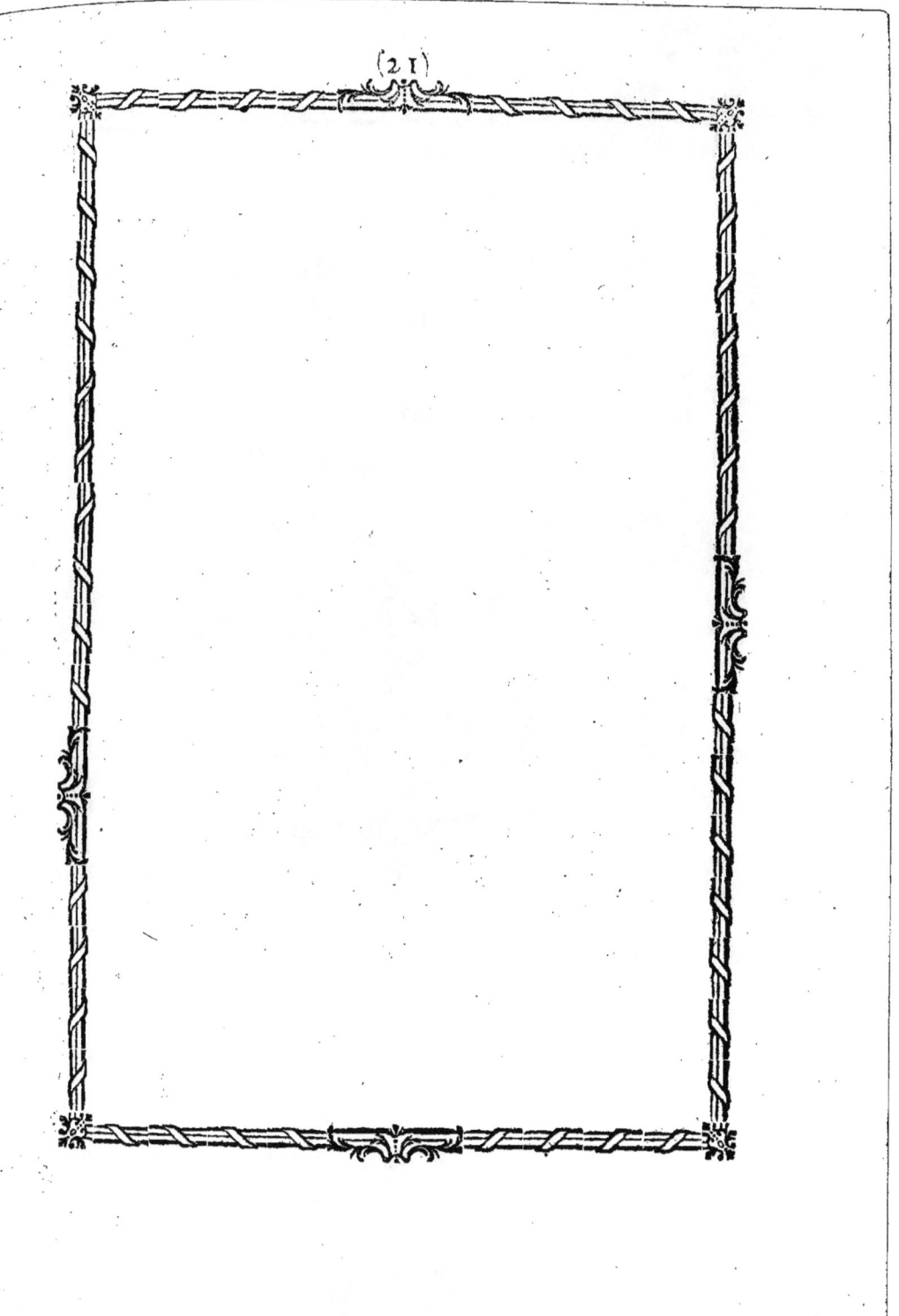

La quatre-vingt-quatriéme Coëffure est à un rang de Boucles, & un nœud de Cheveux fait avec le bout du Chignon.

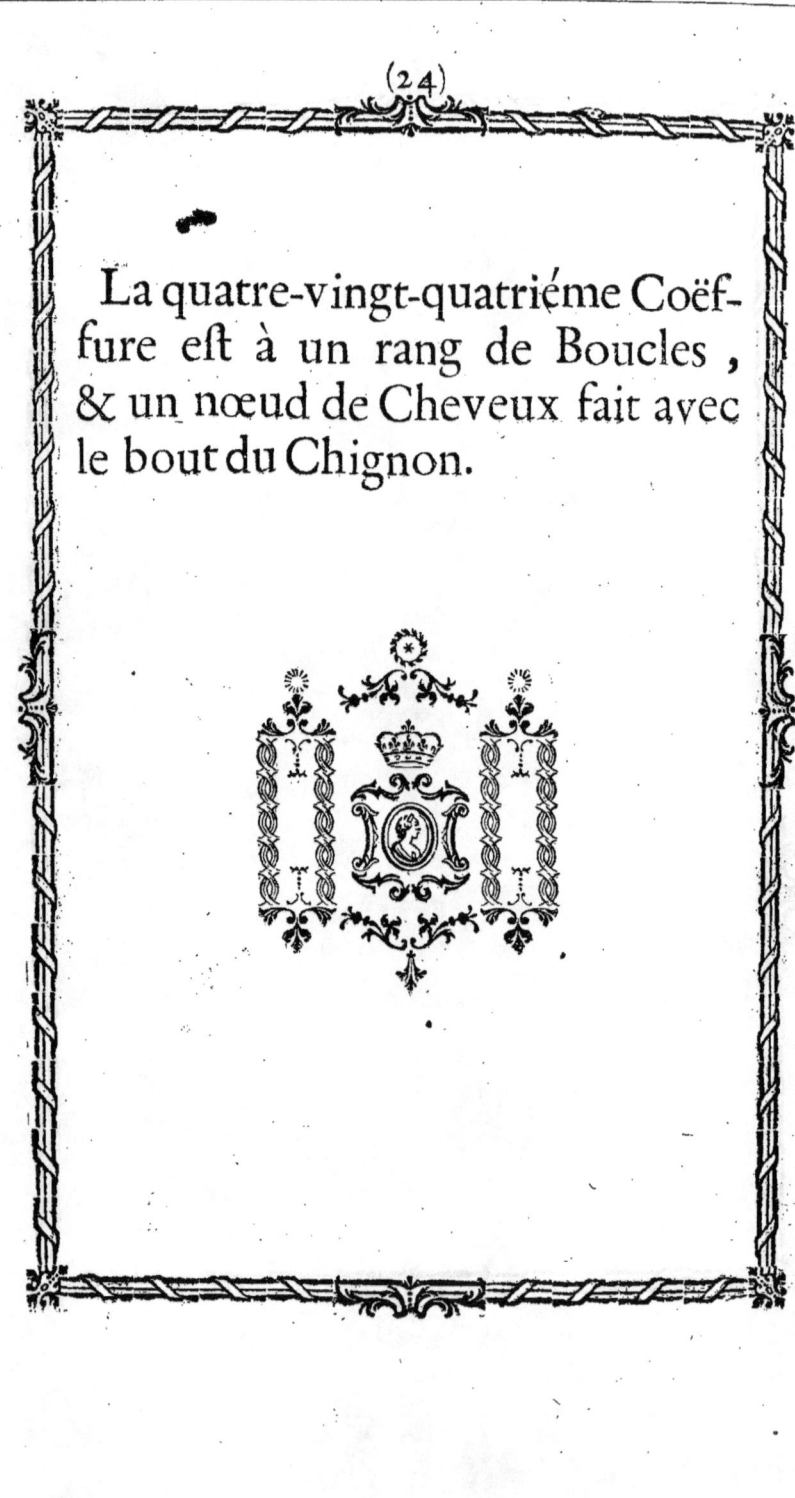

83

(23)
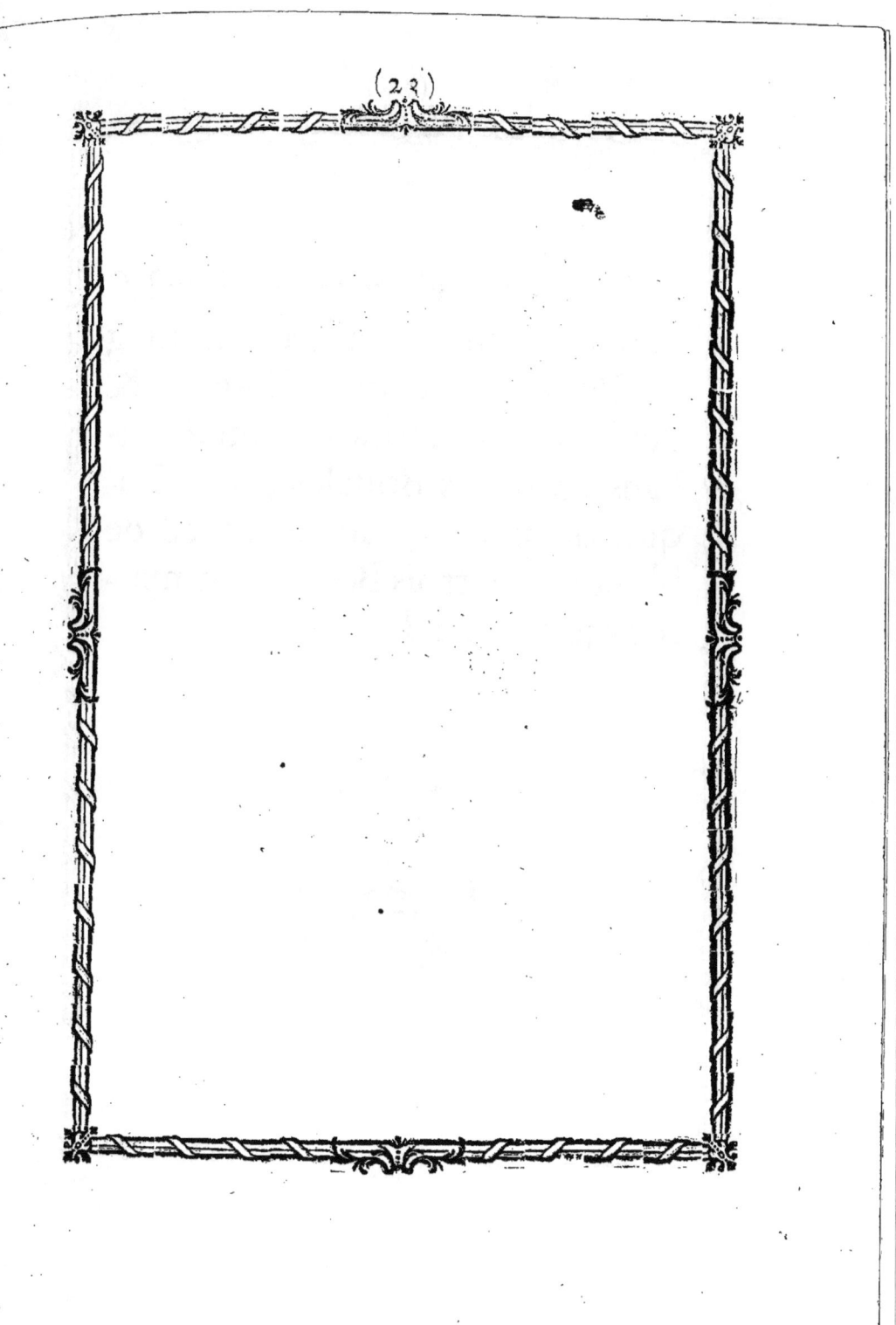

La quatre-vingt-cinquiéme Estampe est une Coëffure à un rang de Boucles & petites Coques, & des Bouillons de blonde ou de rubans entre les Boucles, une Toque de perles, de fleurs & de blondes, & trois Boucles en marrons jettées en devant.

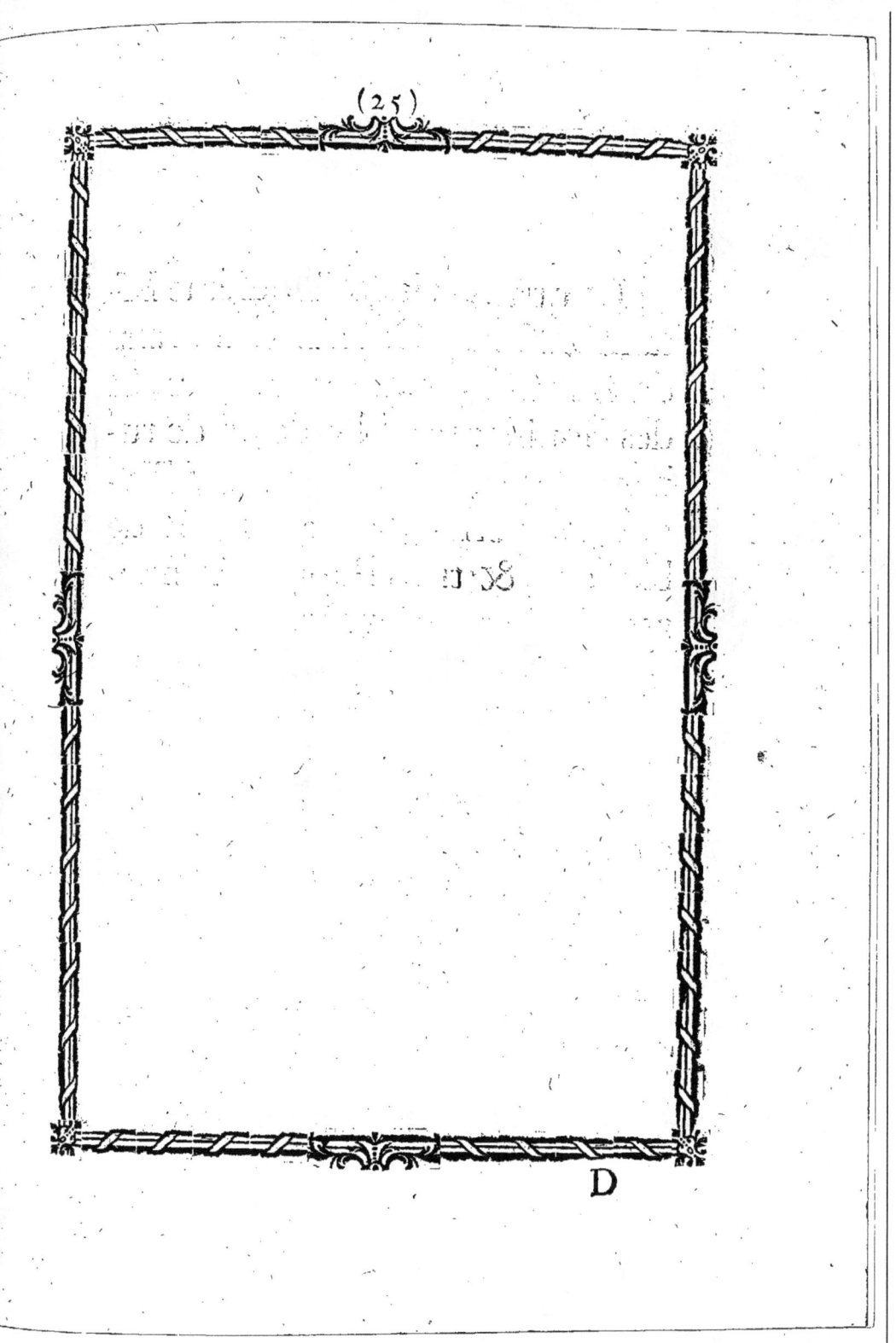

La quatre-vingt-sixiéme Estampe est une Coëffure à un rang de Boucles faisant le Cornet, trois marrons jettés en devant, & une Toque de ruban.

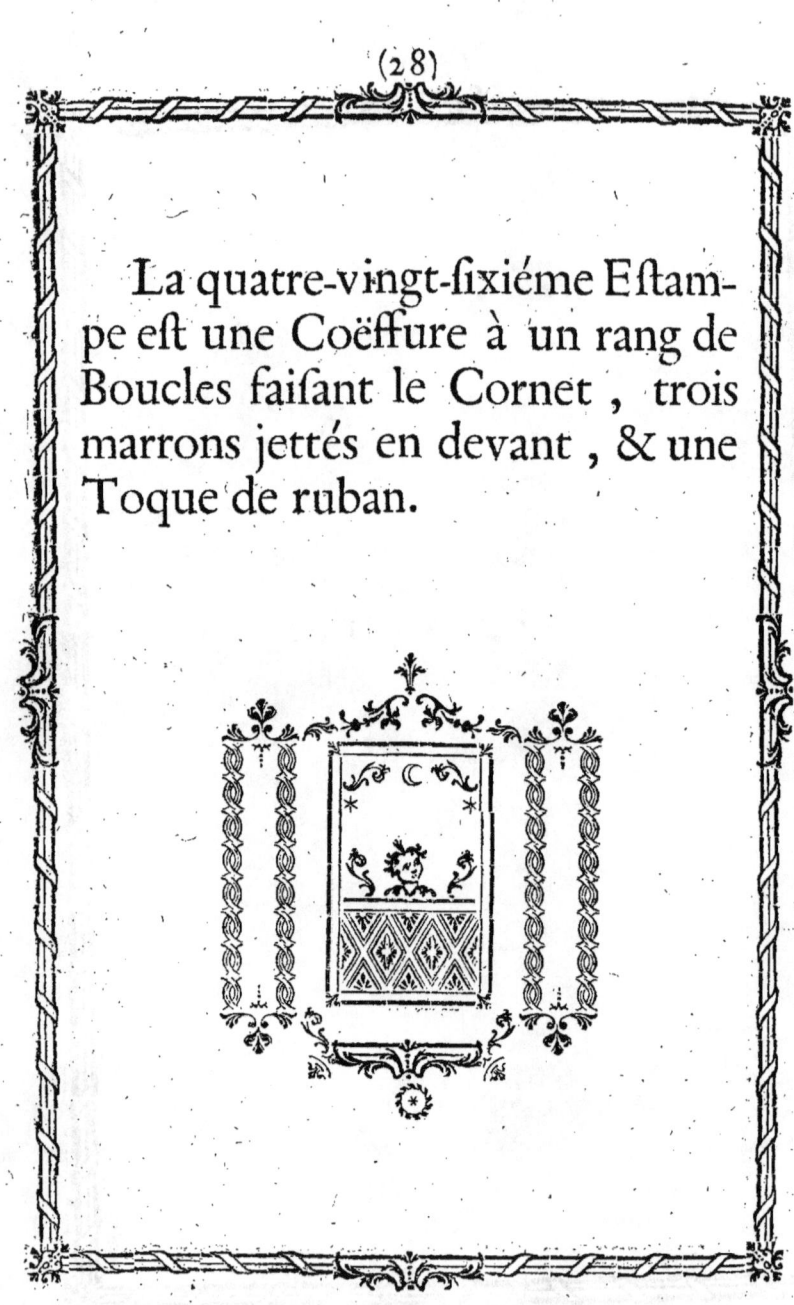

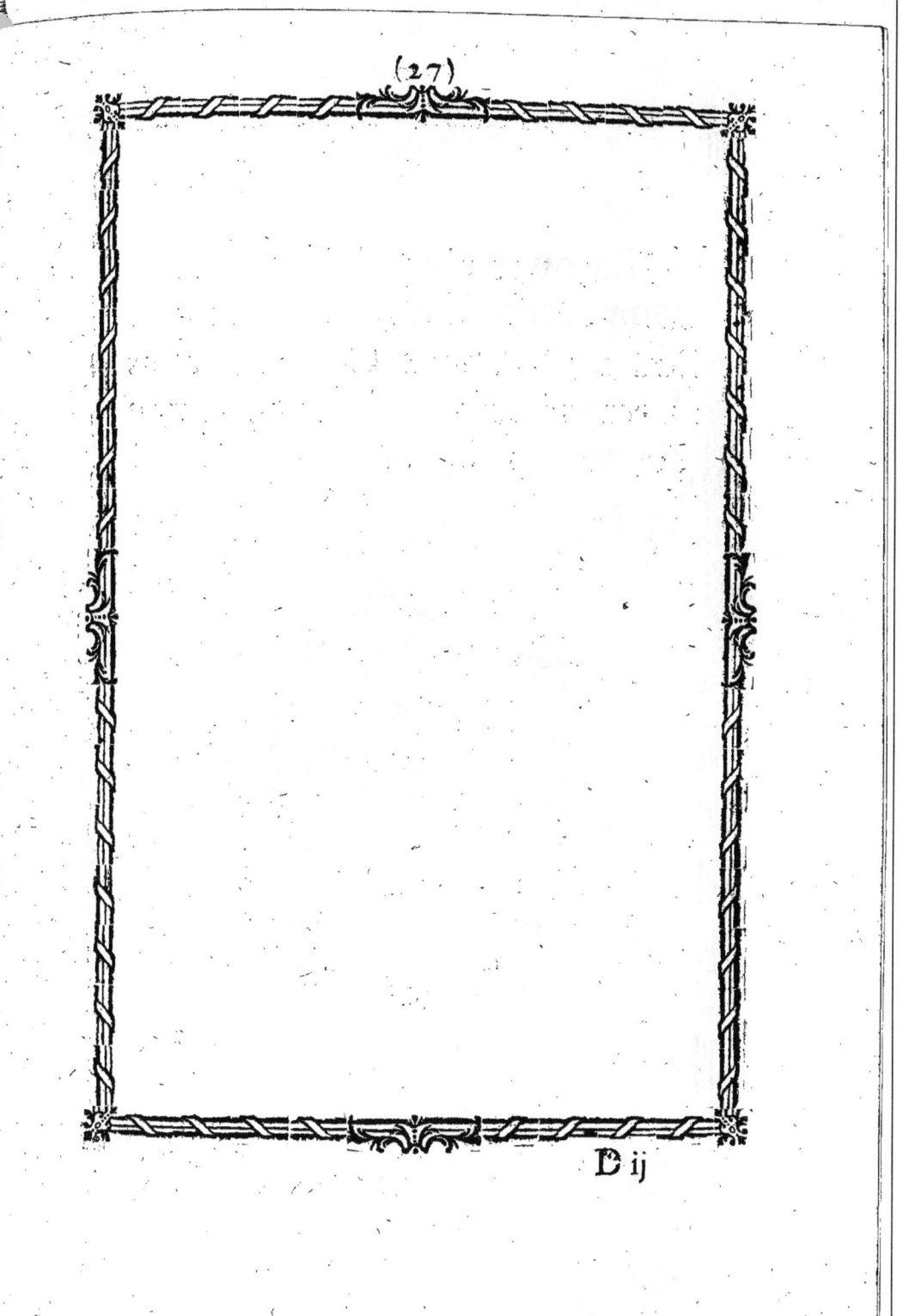

La quatre-vingt-septiéme Estampe représente une Coëffure à la Romaine à un rang de Boucles longues, & une Dragonne en blonde ronde flottante.

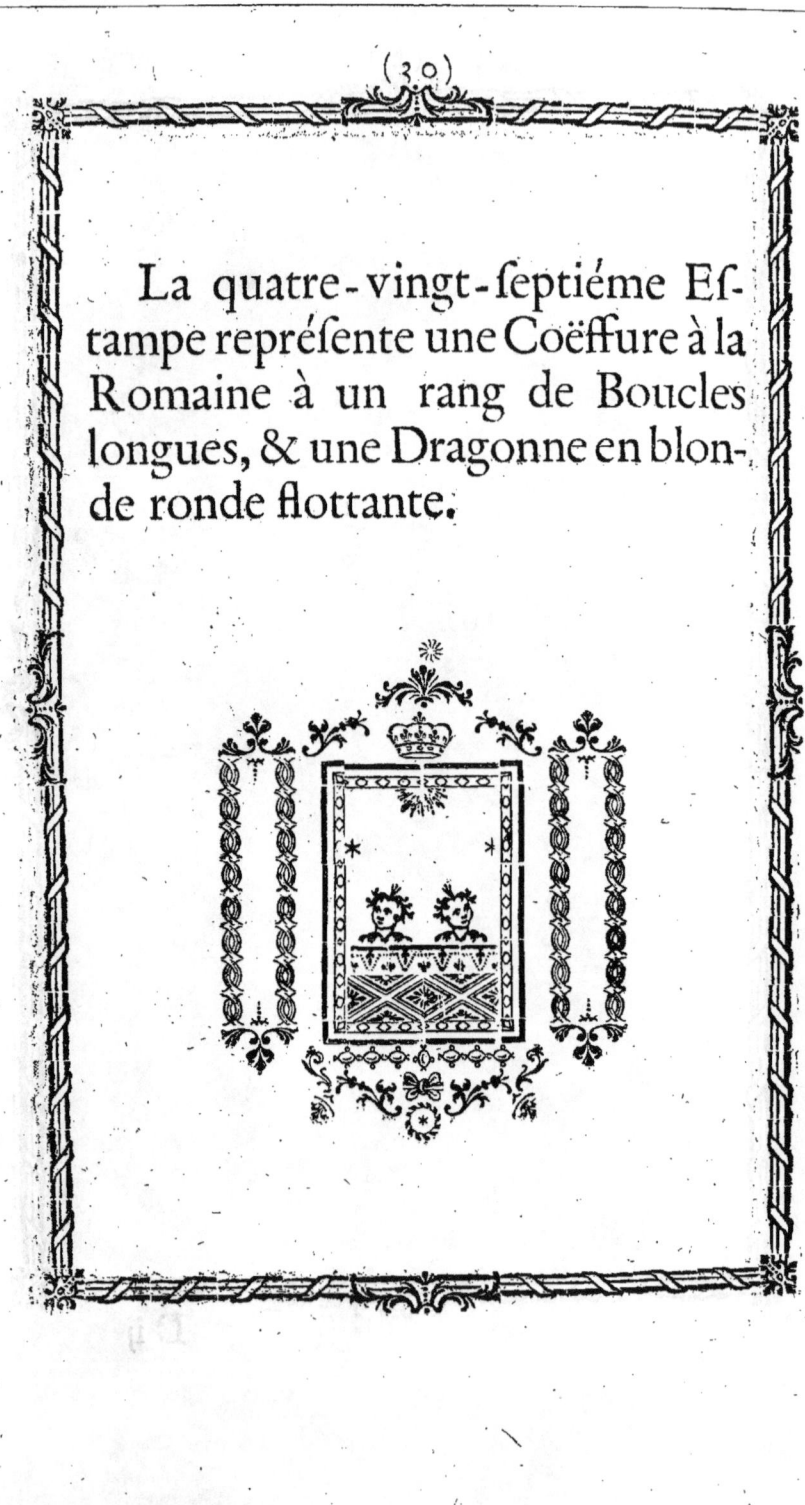

(30)

La quatre-vingt-septiéme Estampe représente une Coëffure à la Romaine à un rang de Boucles longues, & une Dragonne en blonde ronde flottante.

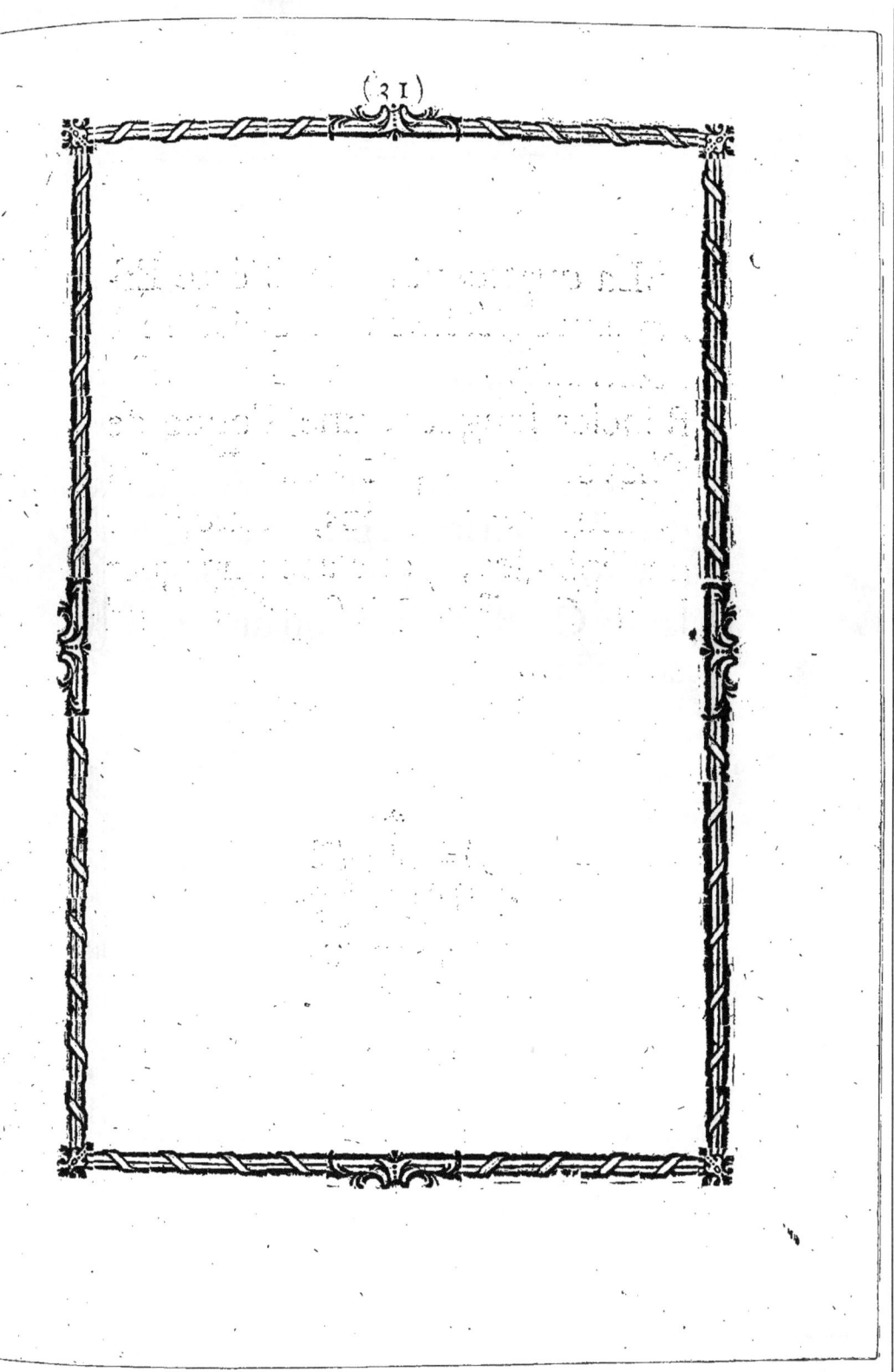

La quatre-vingt-huitiéme Estampe représente une Coëffure à deux rangs de Coques en fusée, des Boucles longues, une Toque de Cheveux faux, & deux Boucles détachées en marrons, montées sur des épingles, pour accompagner ladite Coëffure, ainsi qu'un nœud de ruban.

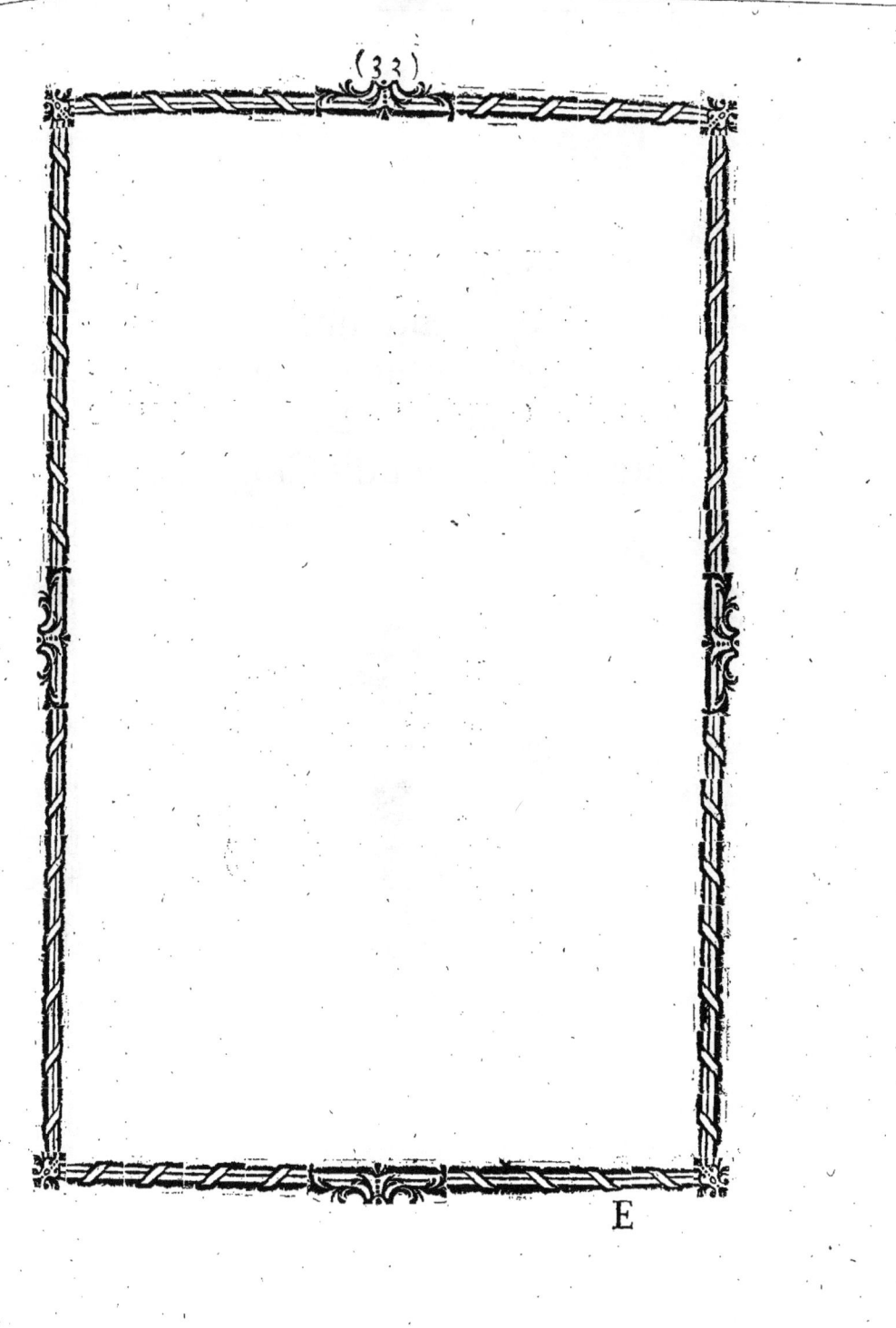

La quatre-vingt-neuviéme Estampe représente une Coëffure à un rang de Coques, un rang de Boucles coupées, & une Boucle faite avec le bout du Chignon.

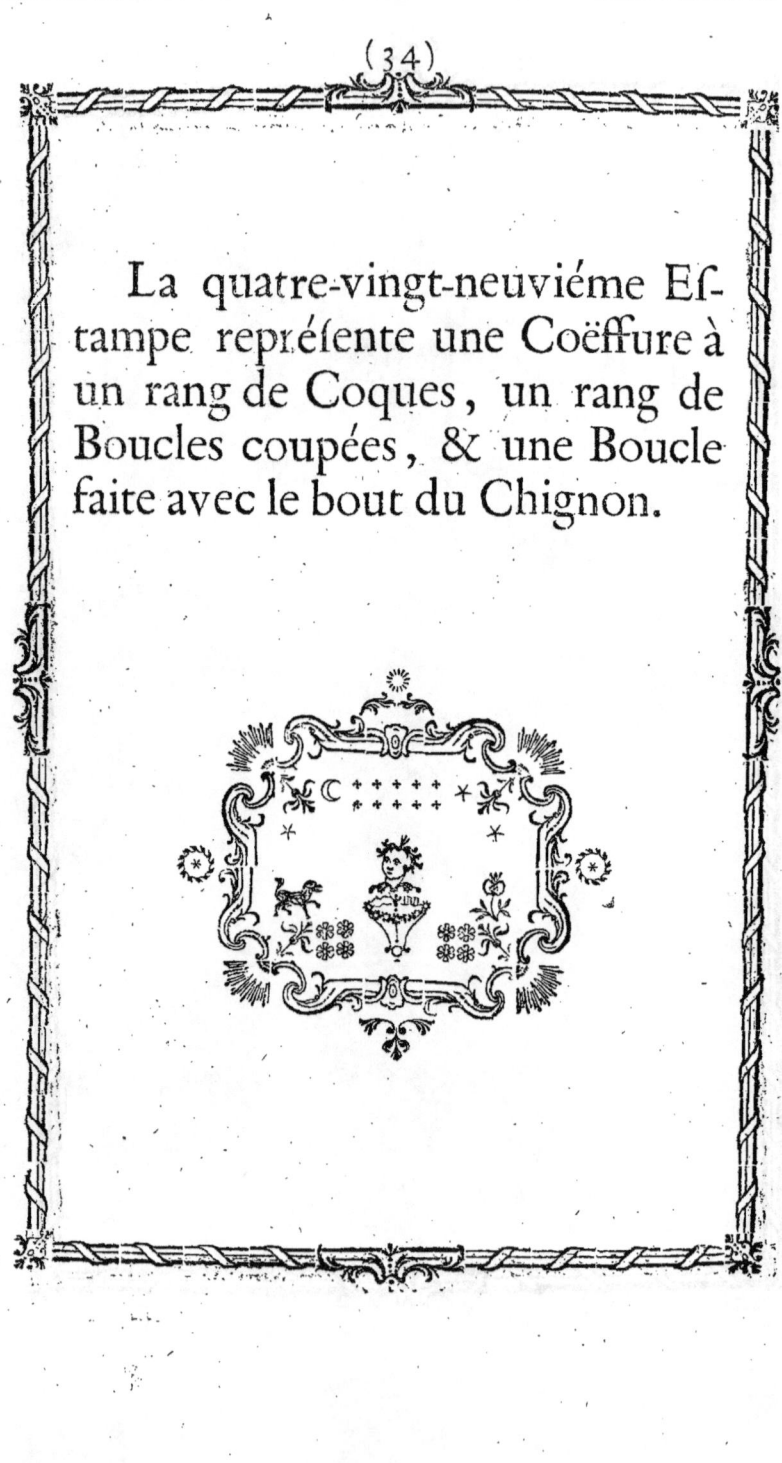

(35)

E ij

La quatre-vingt-dixiéme Coëffure est à un rang de Coques, un rang de boucles faisant la pipe, & des petites Boucles fausses en marrons, montées sur des épingles que l'on pique dans le coussin, pour former un troisiéme rang, & des Bouillons de cheveux faits avec le bout du Chignon, attachés sur le coussin.

(37)
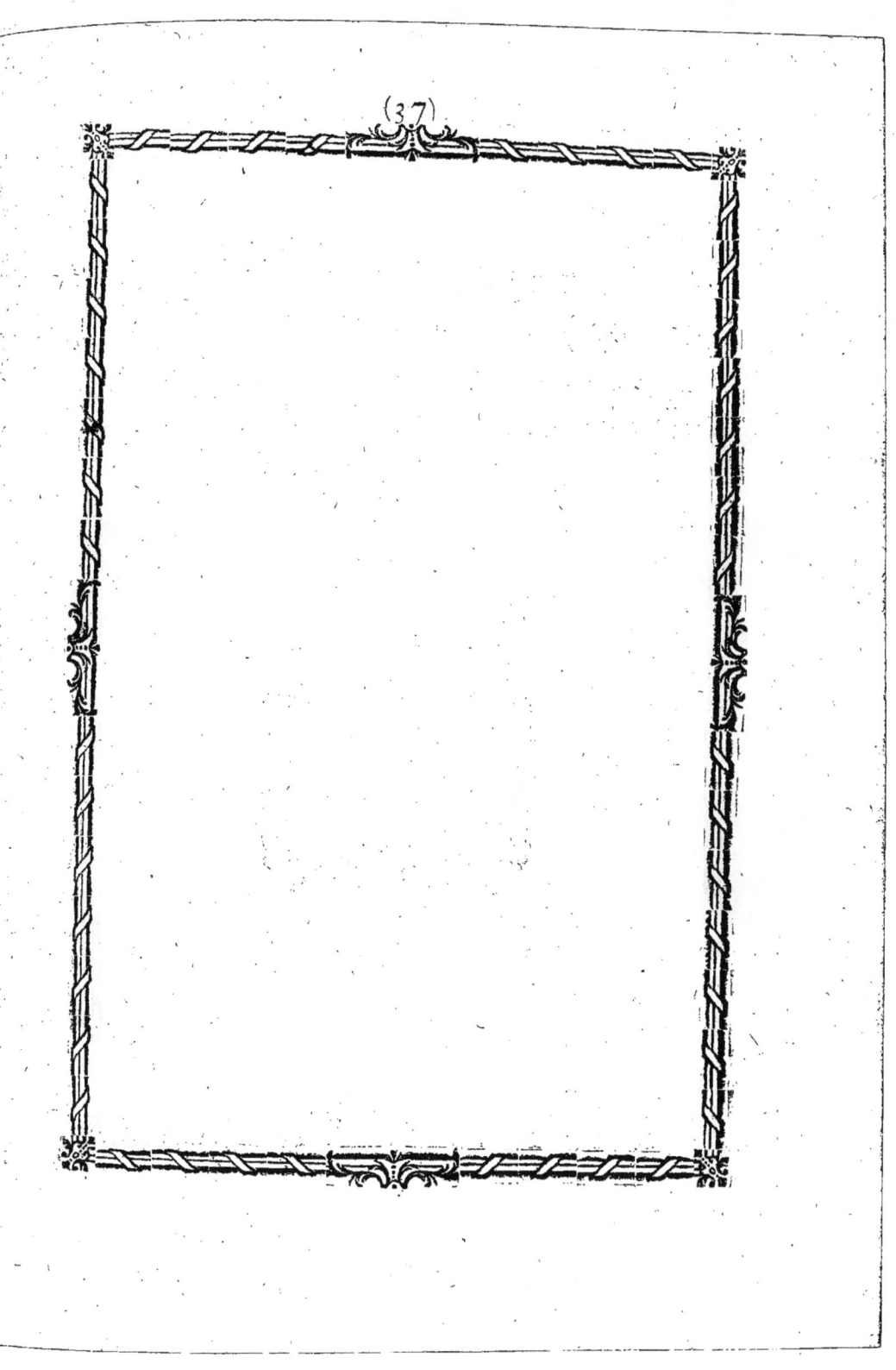

(38)

La quatre-vingt-onzieme Eſtampe repréſente une Coëffure en
Boucles biaiſées, & une Toque
de cheveux faux.

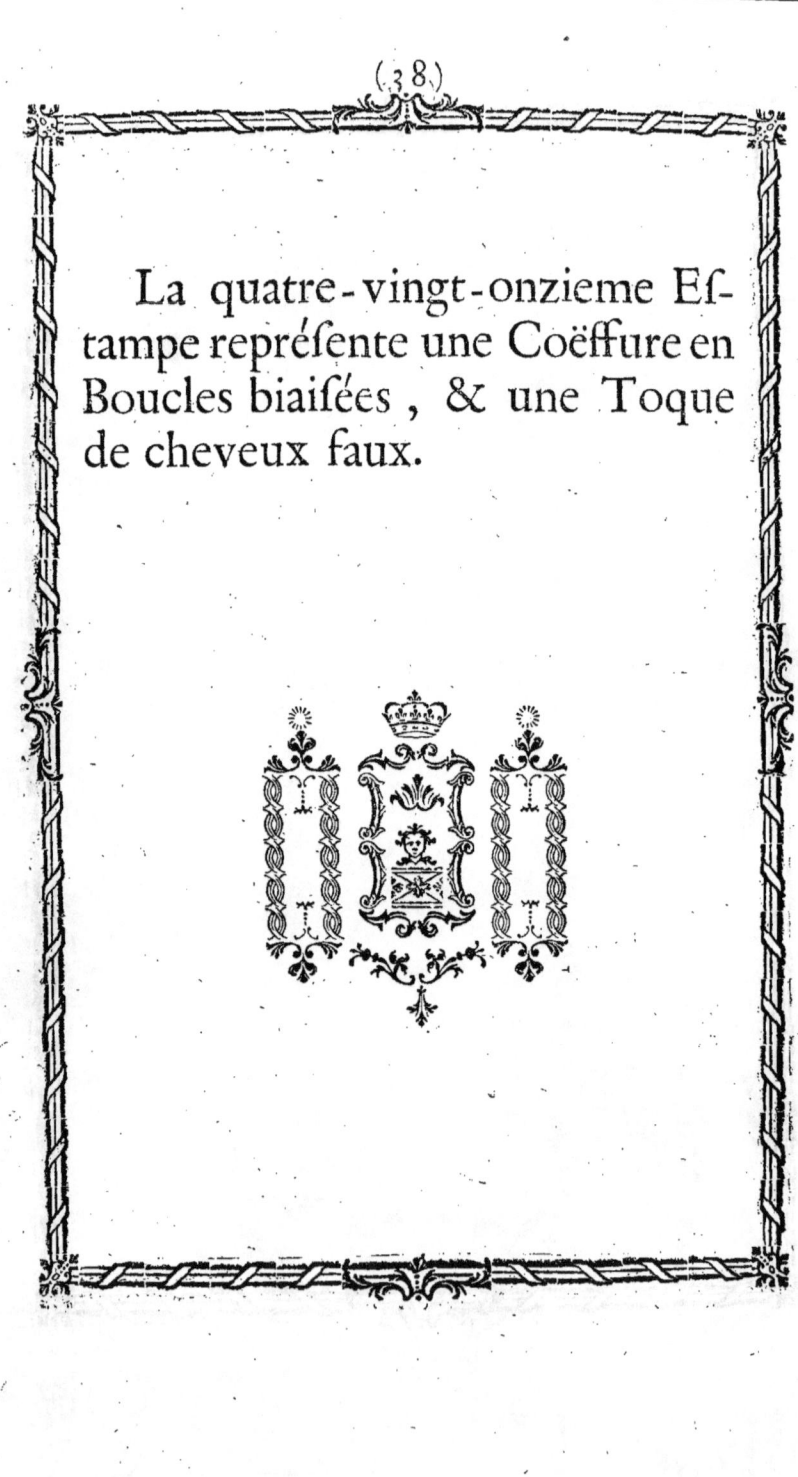

(39)
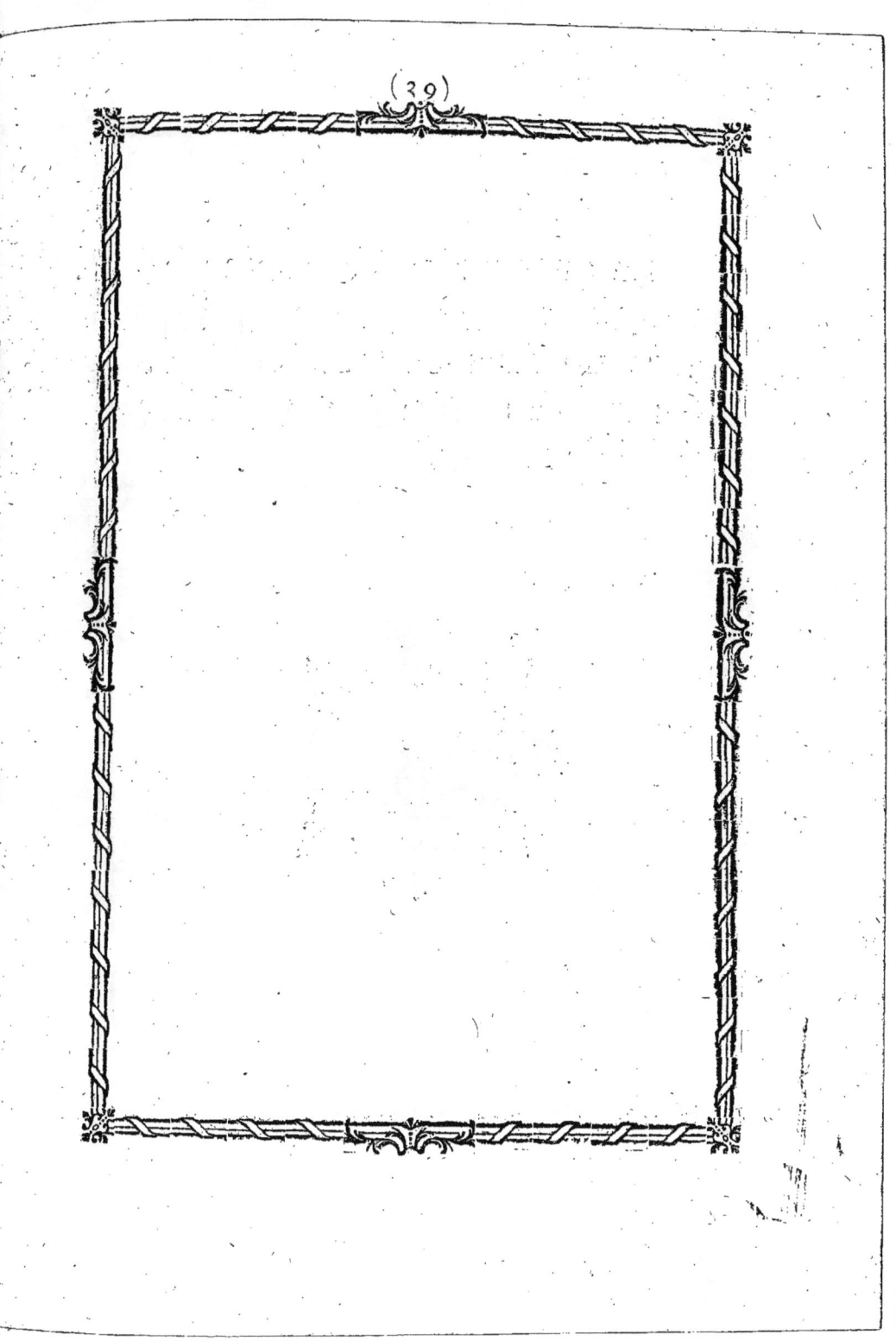

La quatre-vingt-douzieme Estampe est une Coëffure en Tapé avec un rang de Coques & un Chapeau en rosette, entrelassé & garni de rubans.

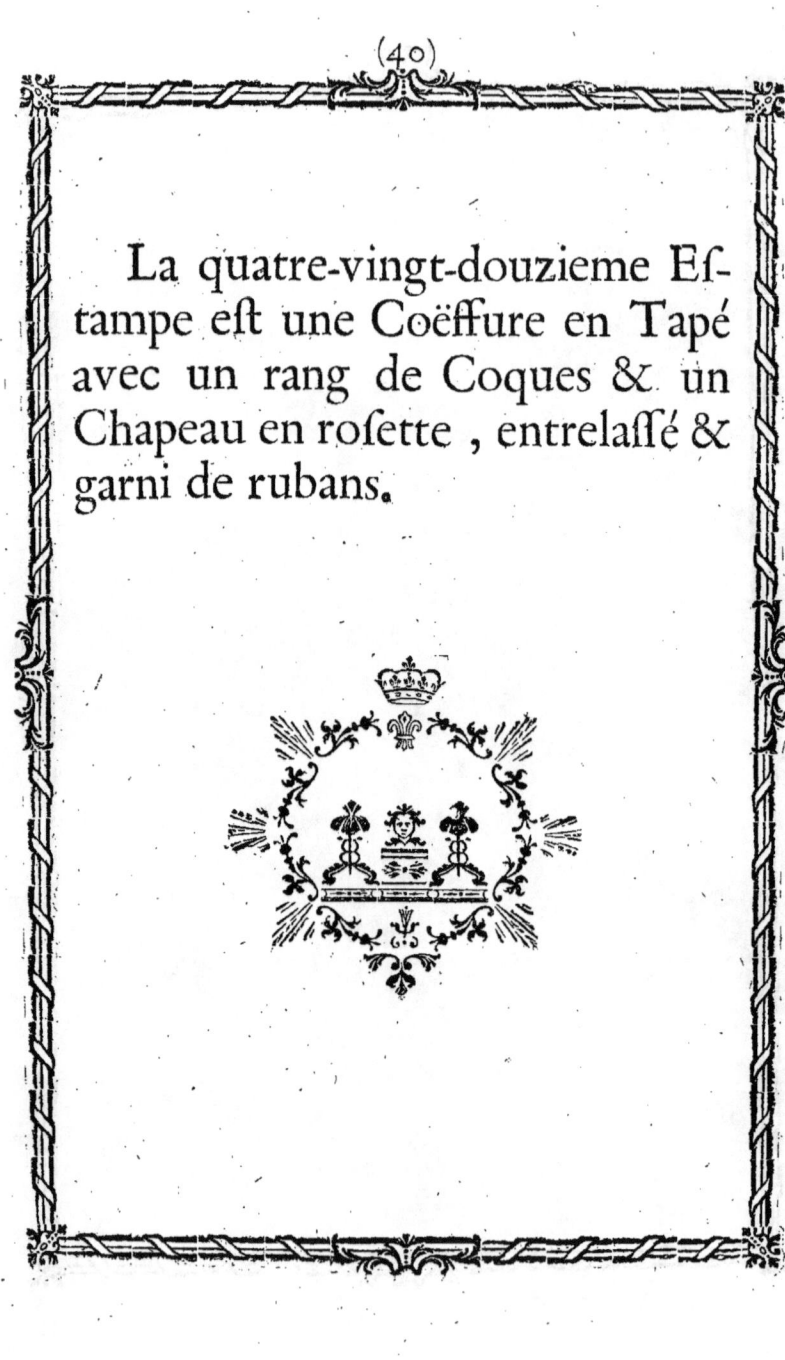

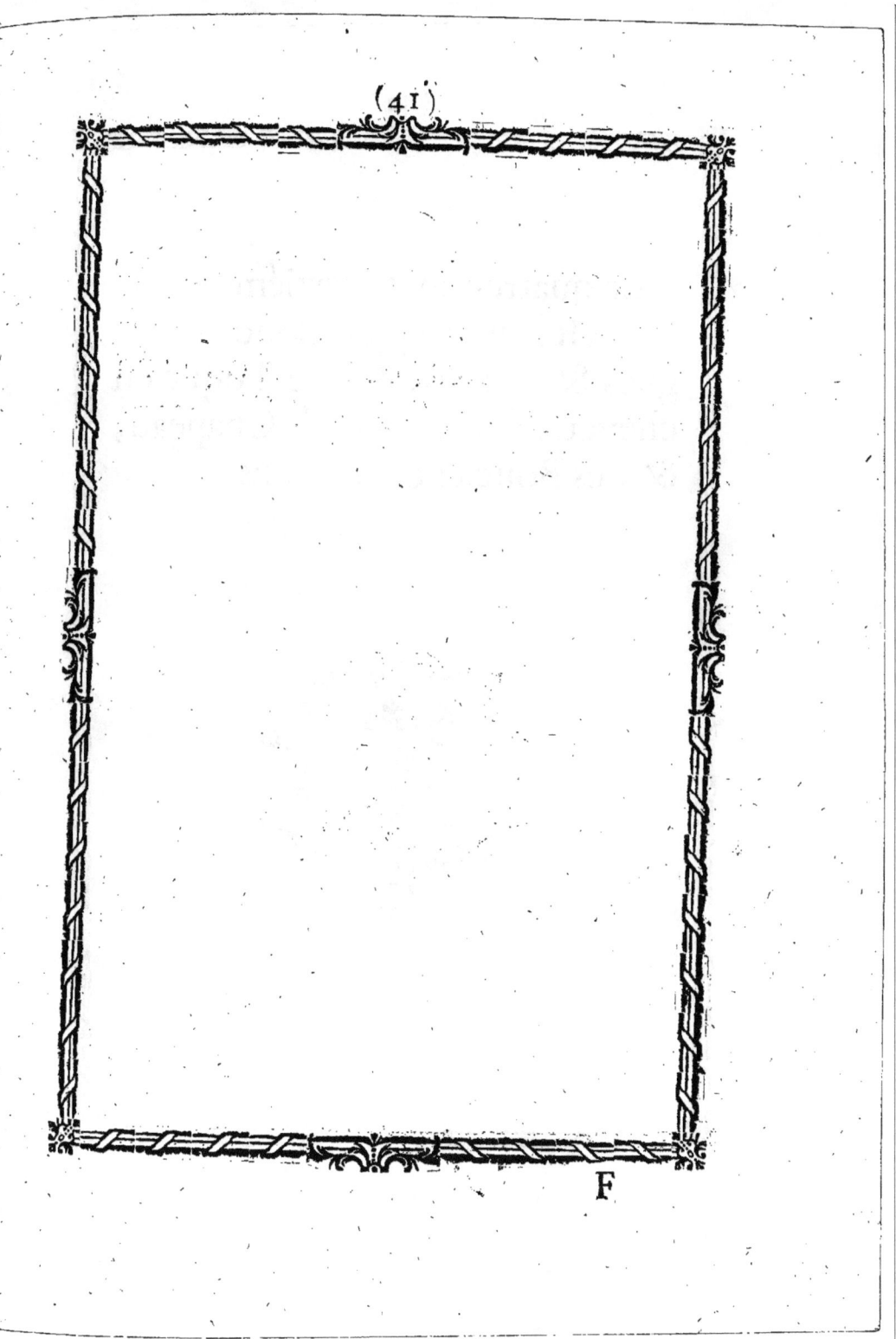

La quatre-vingt-treiziéme Coëffure est à un rang de Boucles longues & droites, & une Toque en cheveux faux, faisant le Chapeau, & des Boucles en marrons.

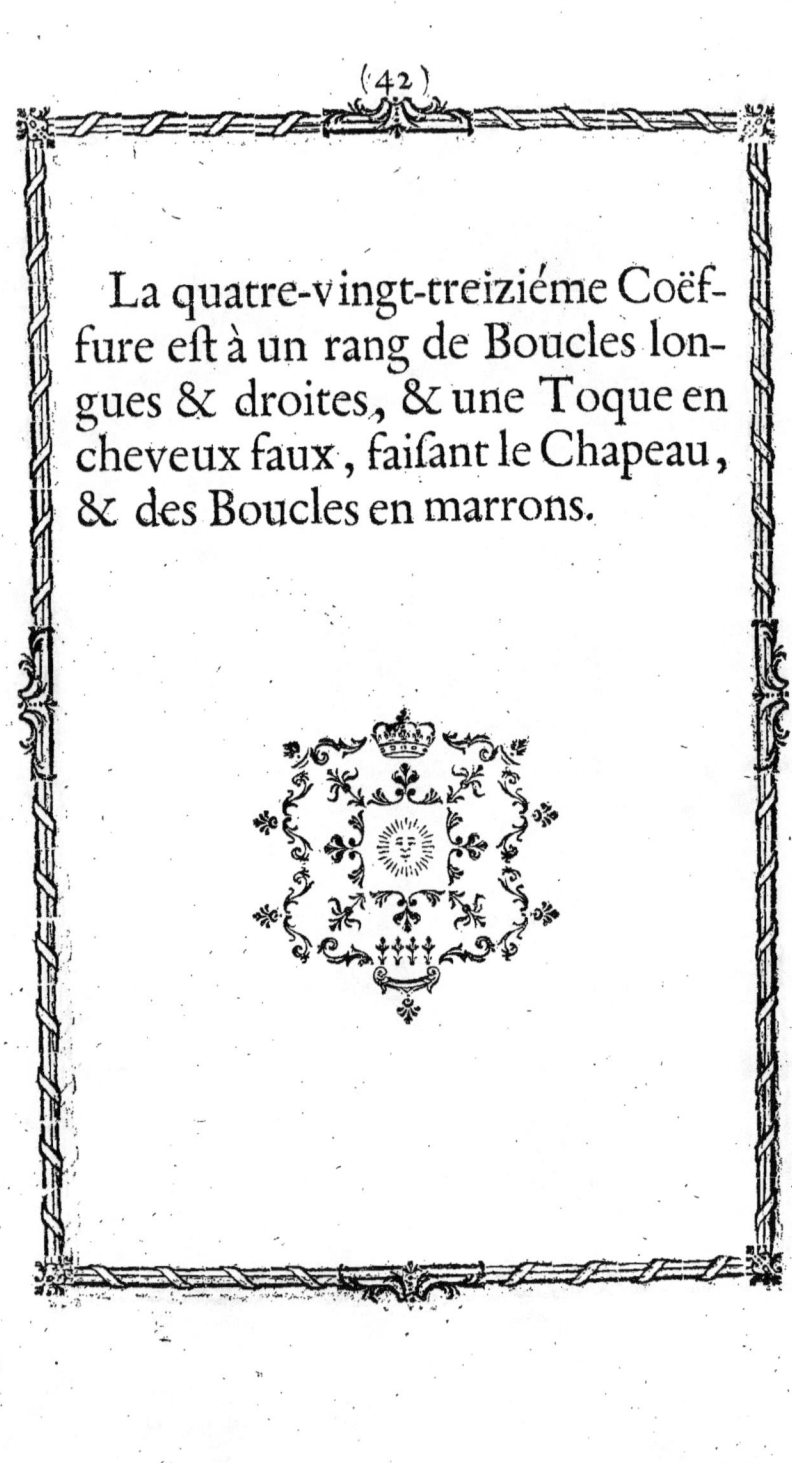

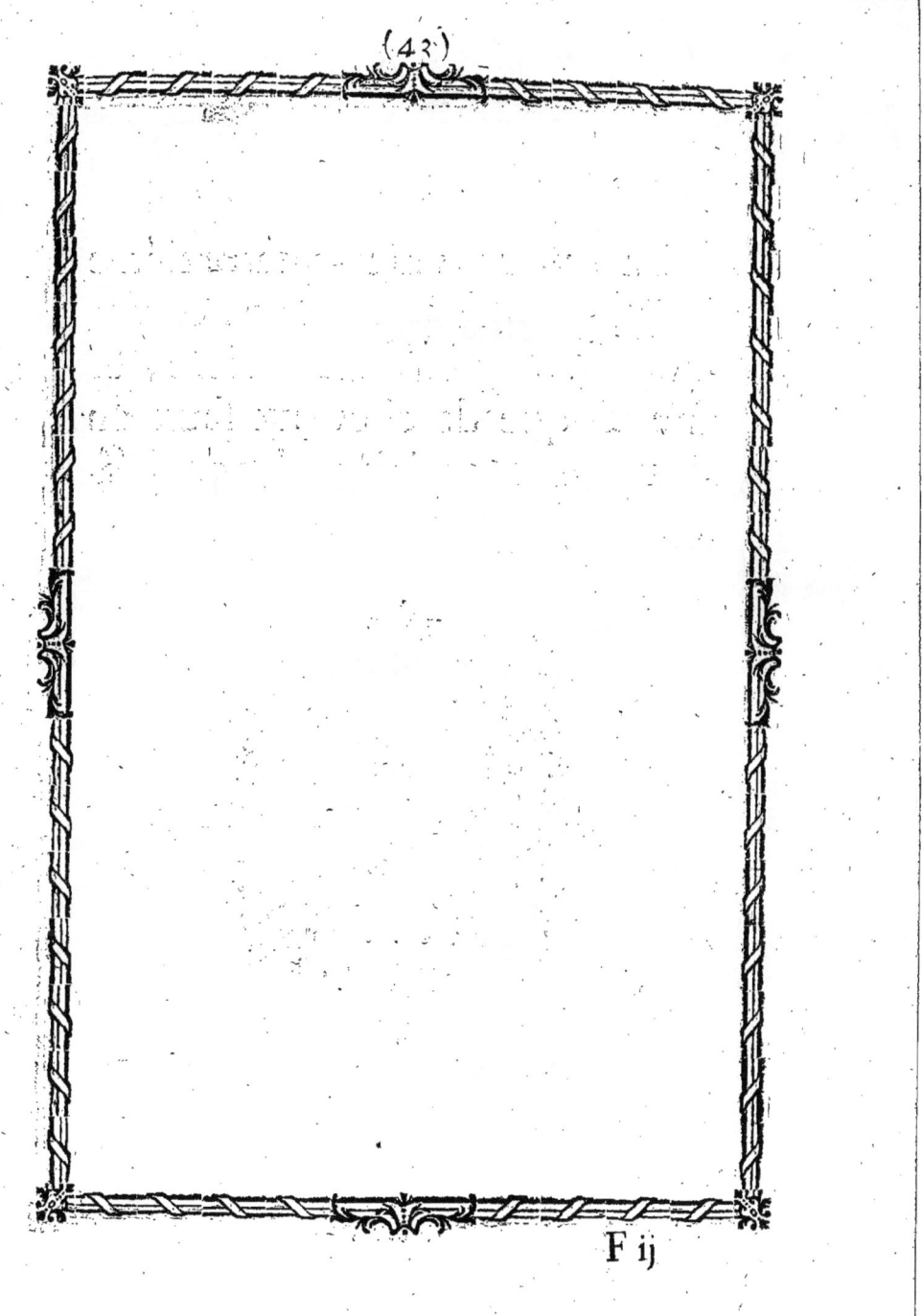

La quatre-vingt-quatorziéme Coëffure est à un rang de Boucles tournées & jettées en arriere, & une Toque de cheveux faux en chapeau, & trois Boucles de théâtre.

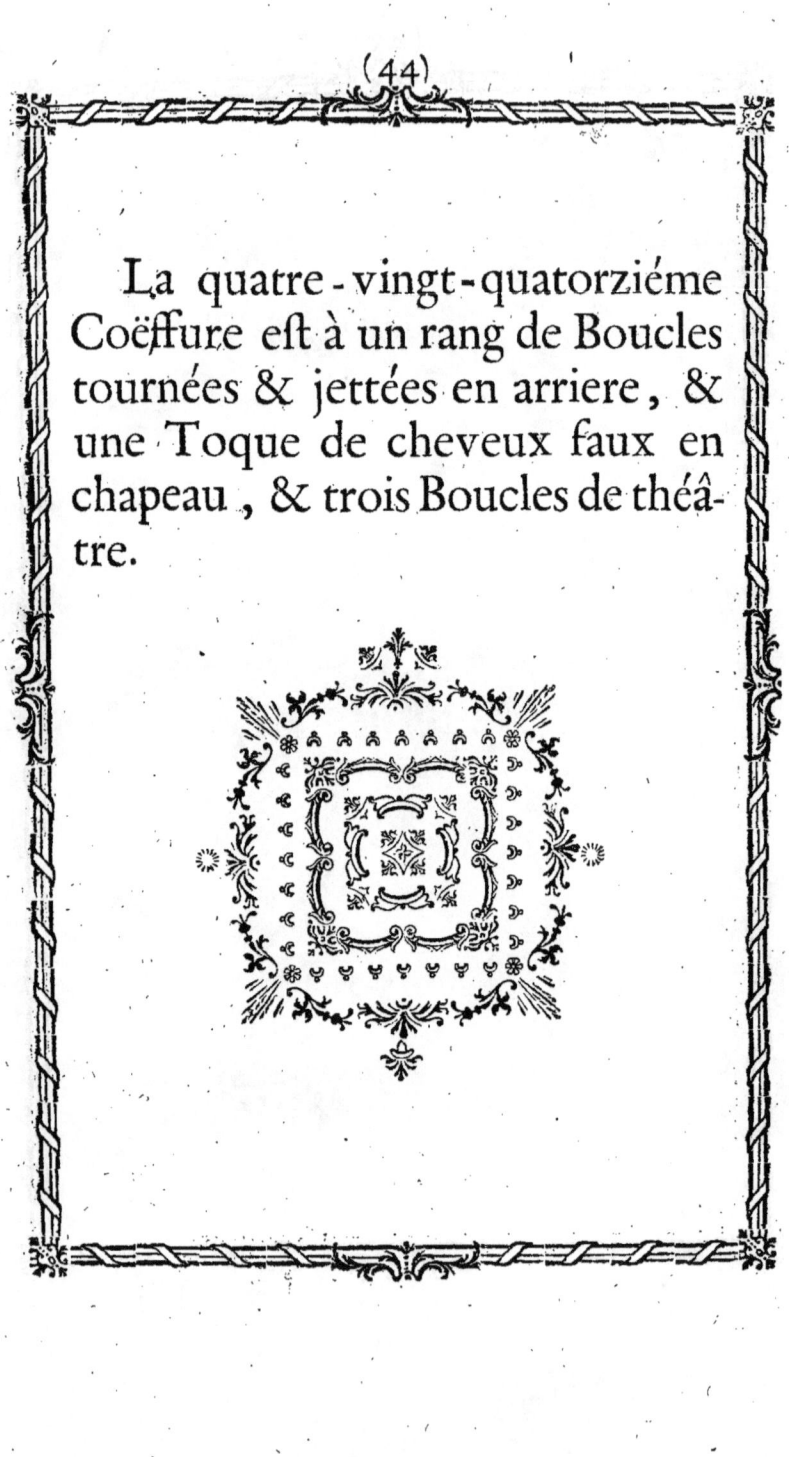

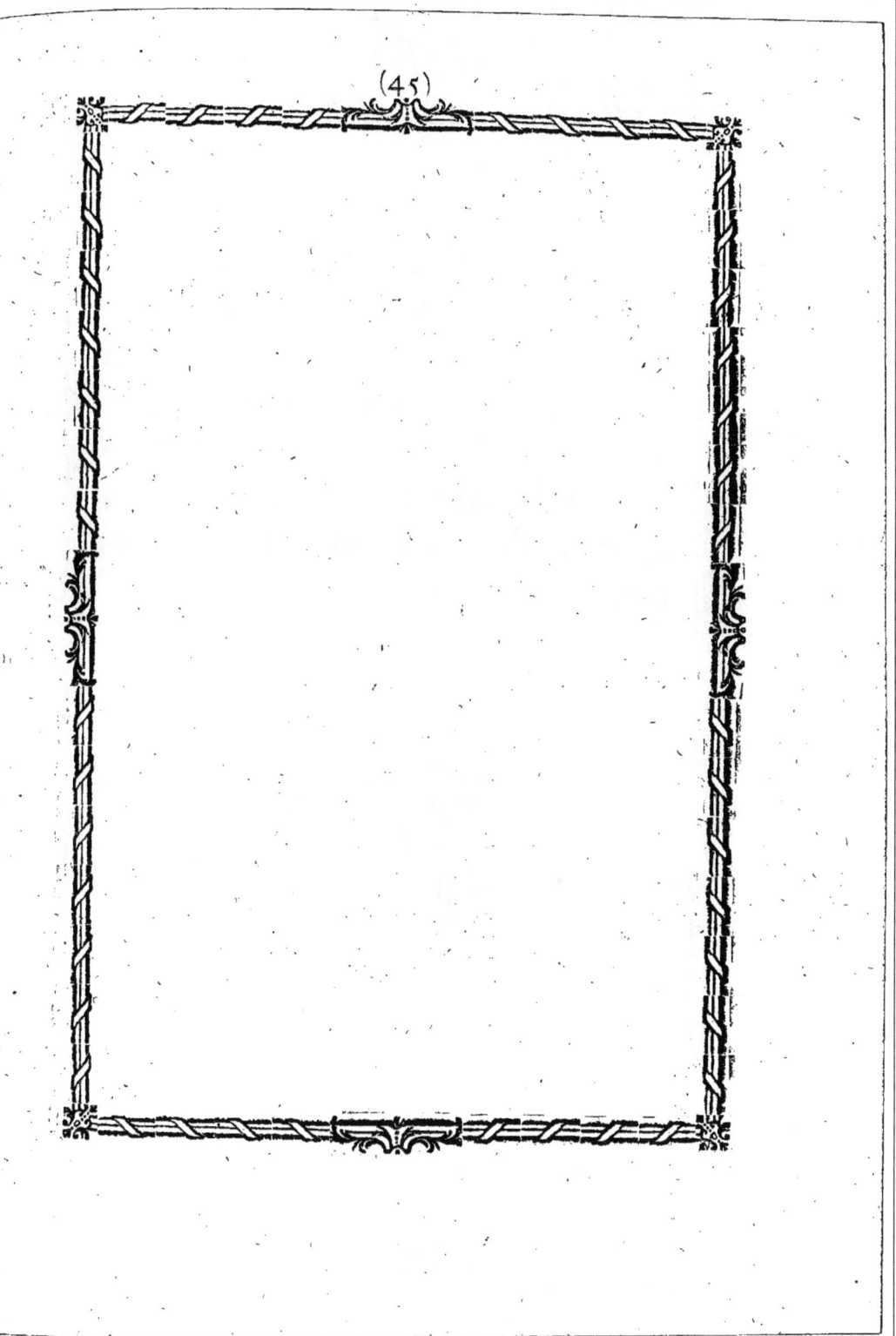

La quatre-vingt-quinziéme Coëffure est à deux rangs de Boucles barrées, des Boucles courtes, un rang de Boucles en marrons par derriere, & une Toque de cheveux lisses montée sur un coussin, & trois Boucles longues de théâtre.

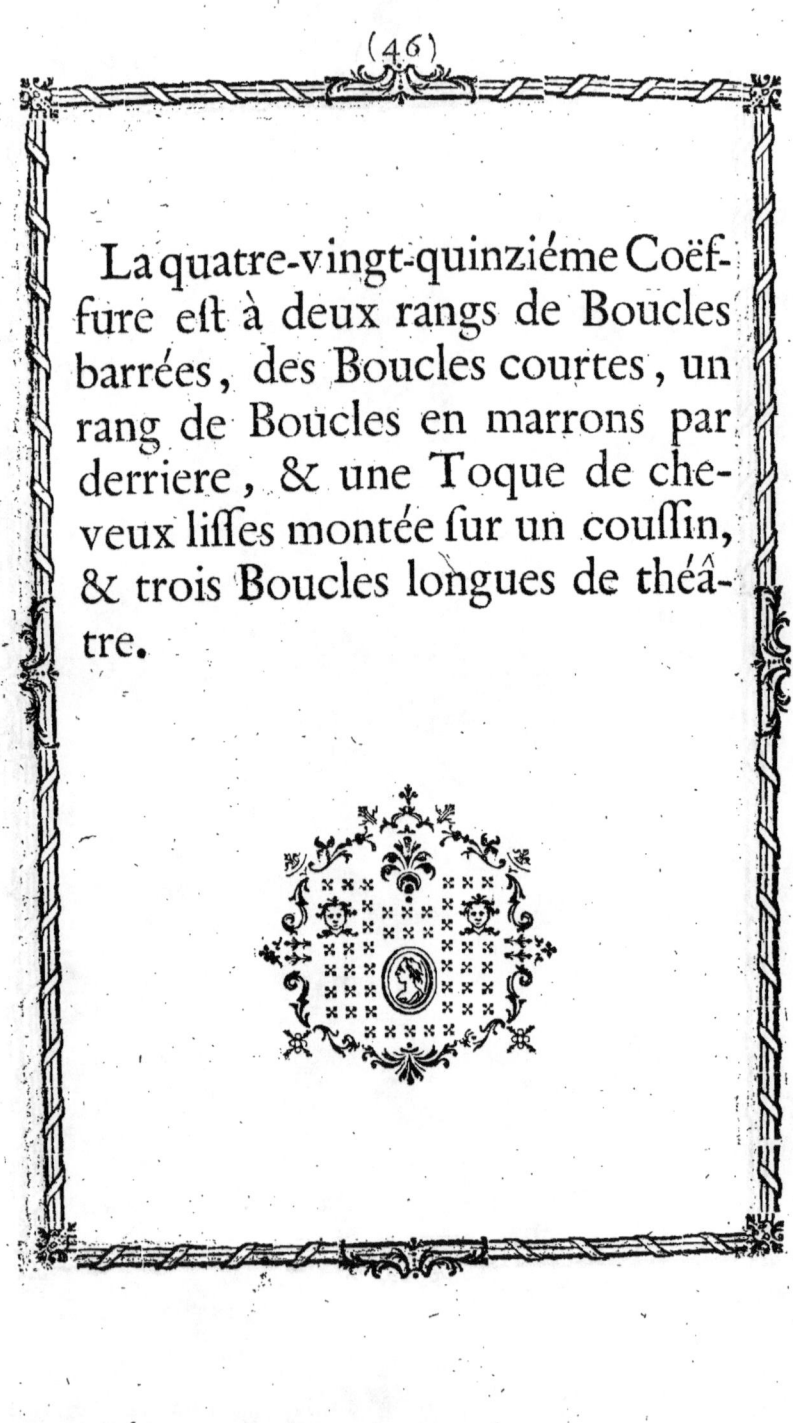

(4.7)

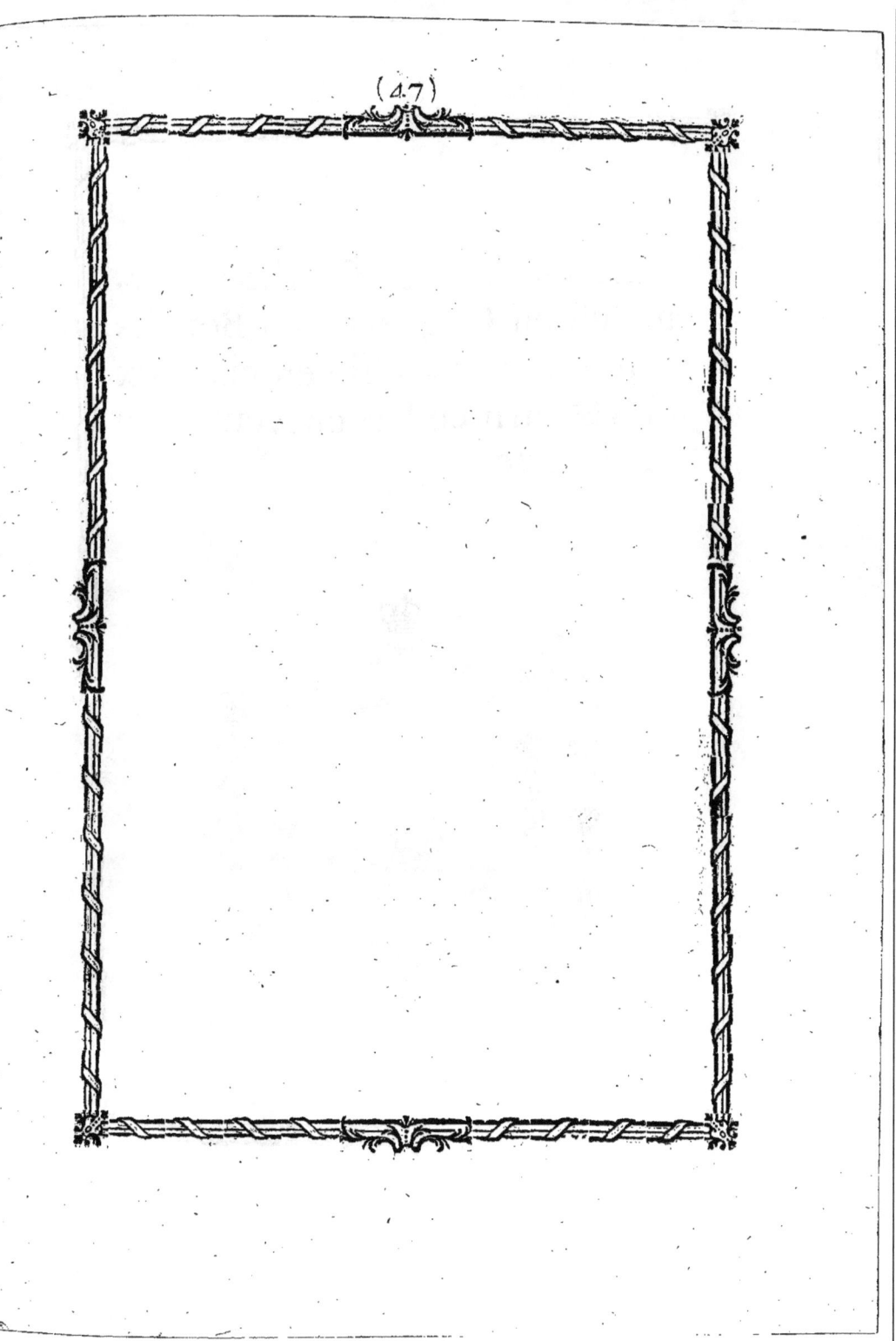

(48)

La quatre-vingt-seiziéme Coëffure est en Coques & en Boucles courtes, un Couffin en cheveux liffes & un nœud de cheveux avec une rofette.

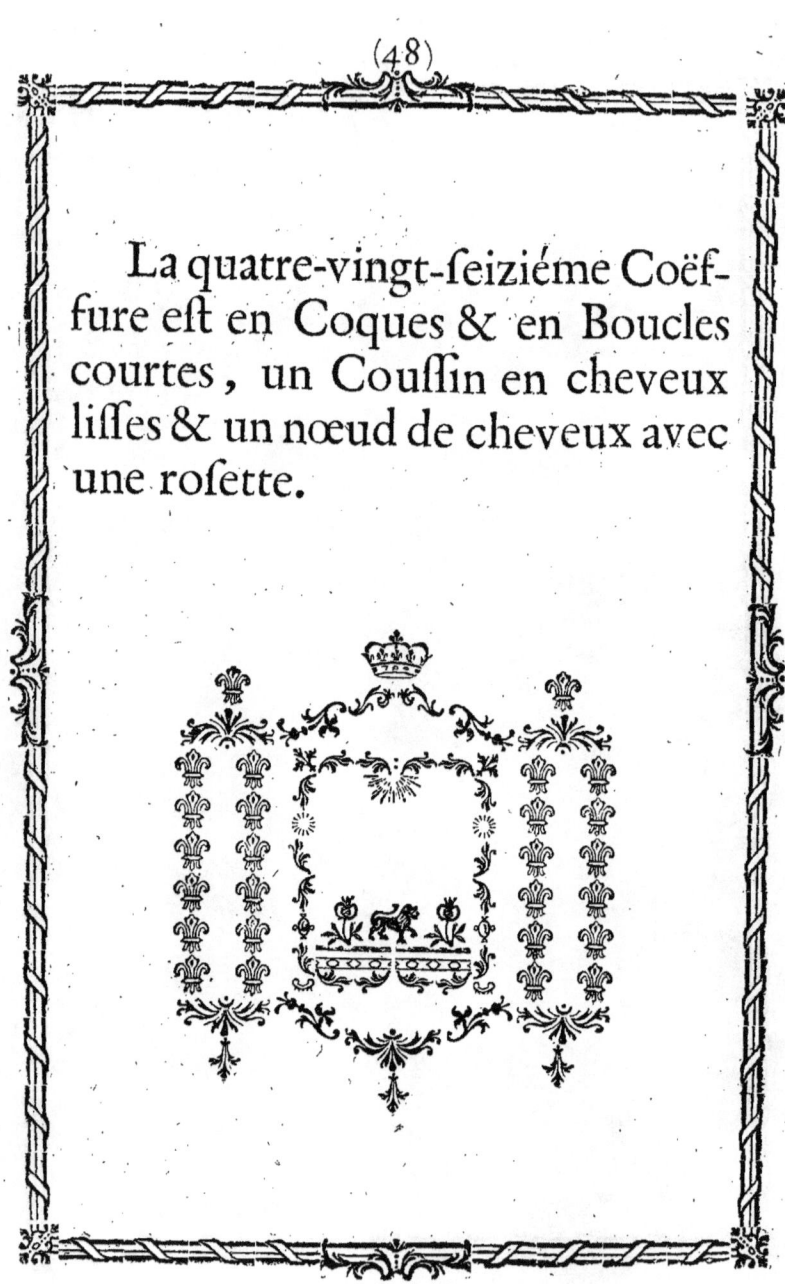

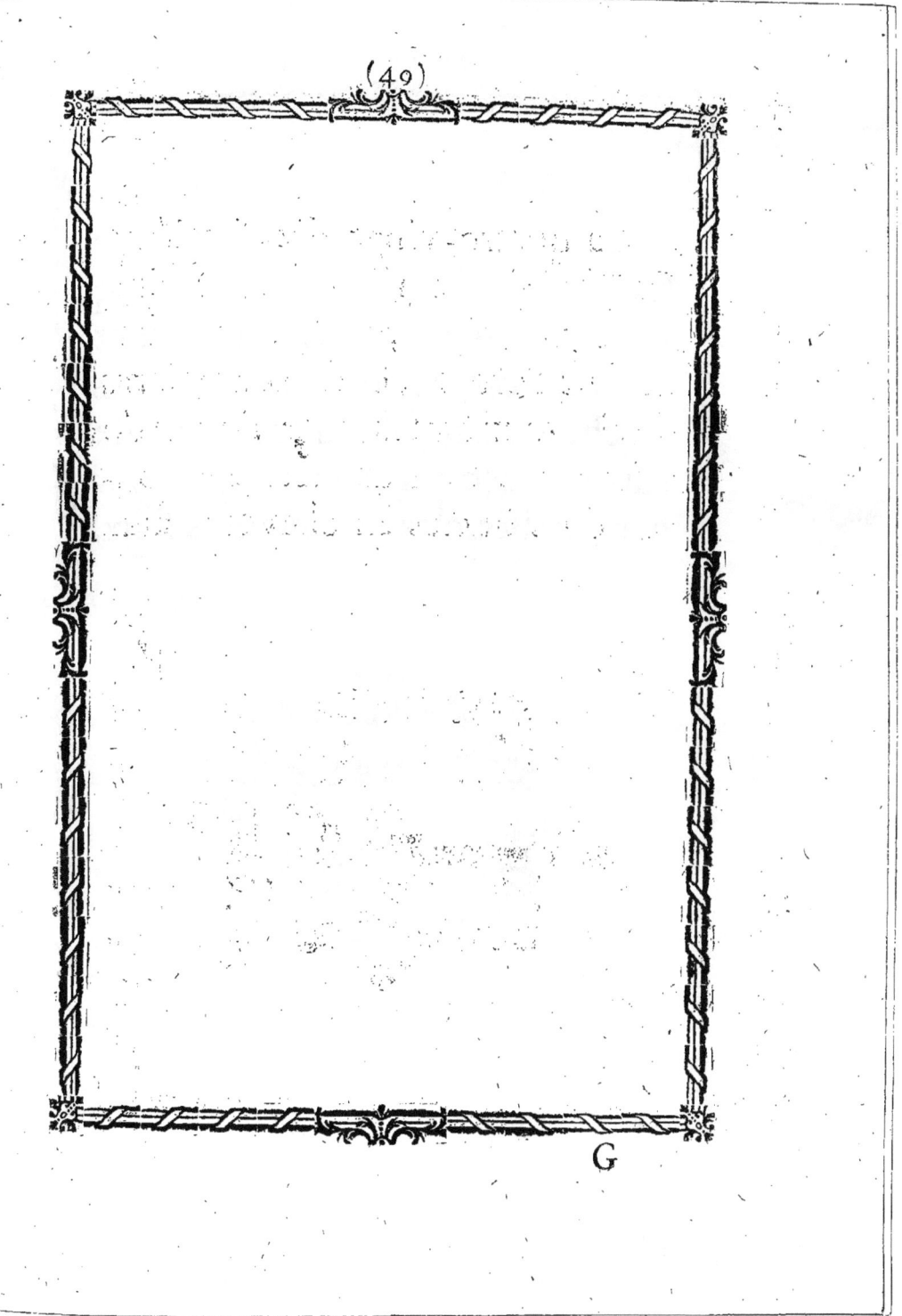

La quatre-vingt-dix-septiéme Coëffure est un Tapé avec cinq Boucles longues, un petit crochet devant l'oreille, & deux Barrieres de cheveux nattés, une Toque de rubans avec un derriere de Bonnet de Boucles en cheveux faux.

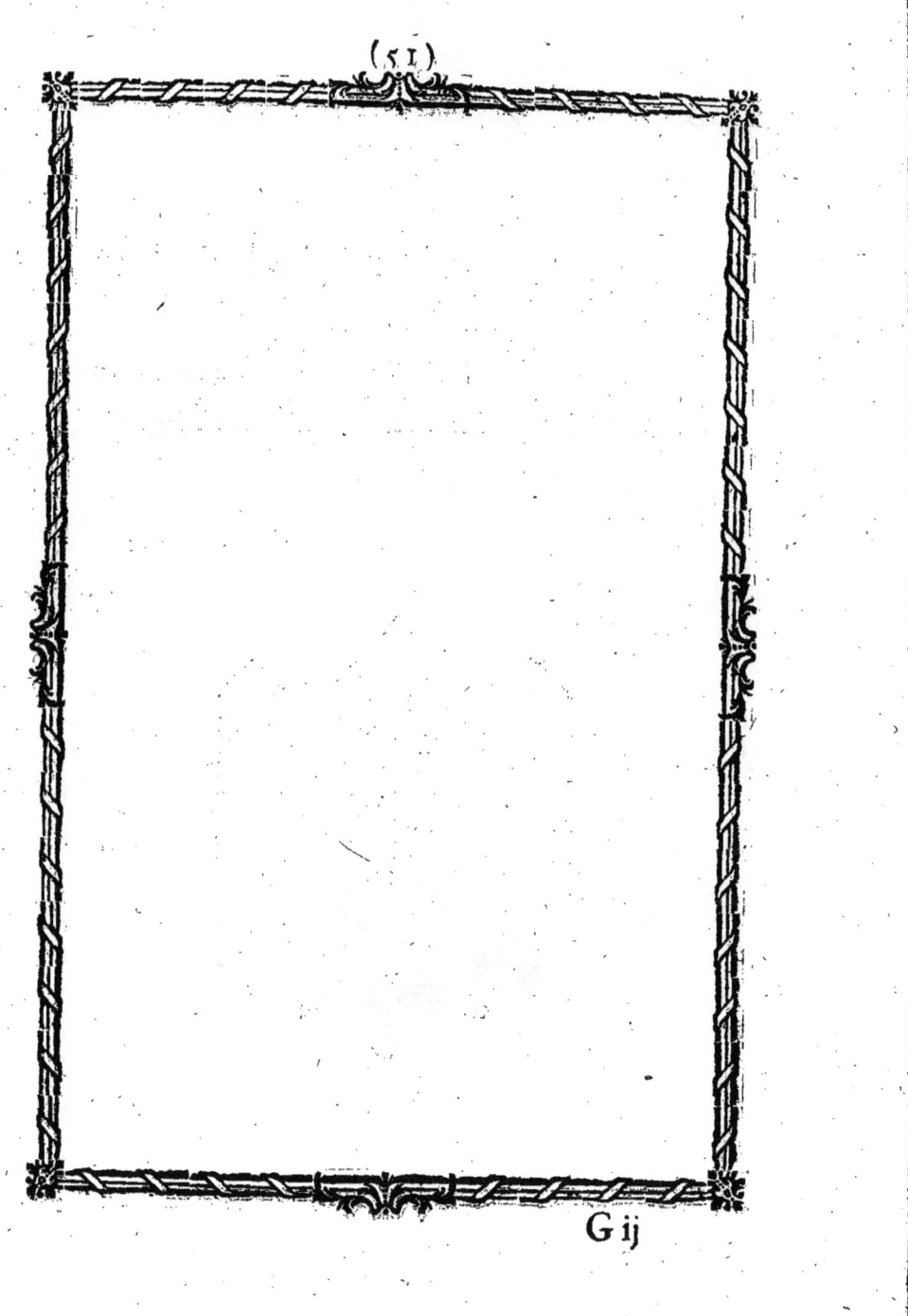

La quatre-vingt-dix-huitiéme Coëffure est à un rang de Coques, un rang de marrons, & une Toque en cheveux faux faisant le chapeau.

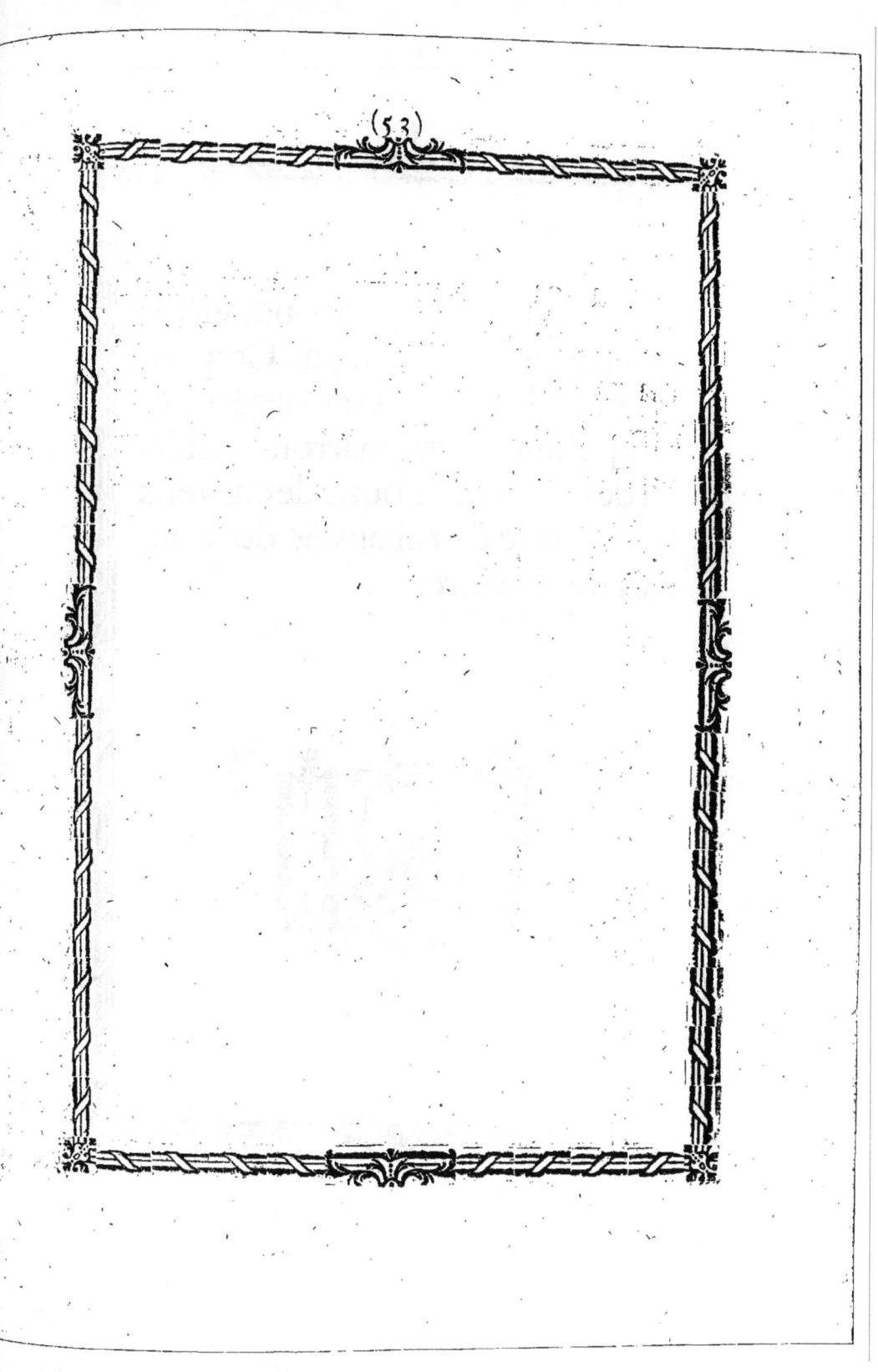

La quatre-vingt-dix-neuviéme Coëffure est à un rang de Coques, un rang de Boucles renversées, & cinq Boucles en marrons jettées en devant, une Toque de cheveux faux garnie de rubans & des Boucles de Théâtre.

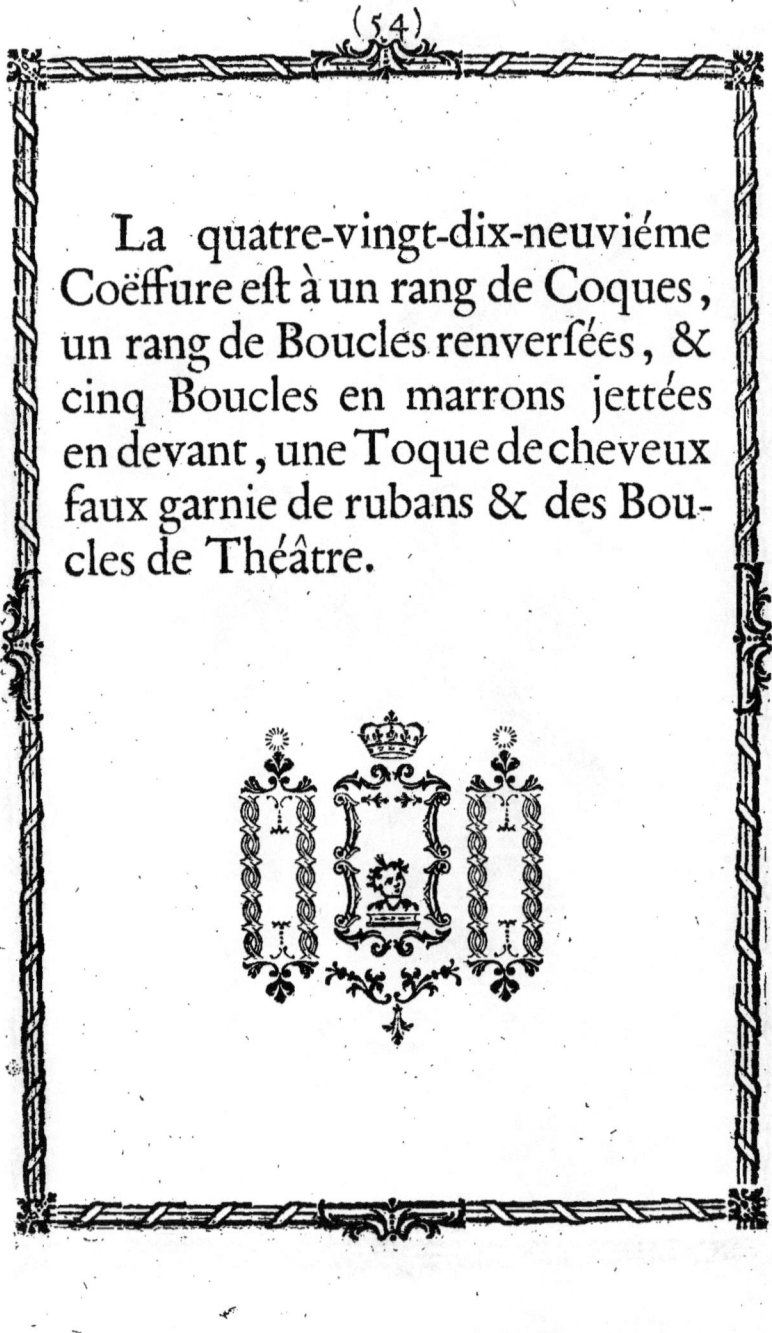

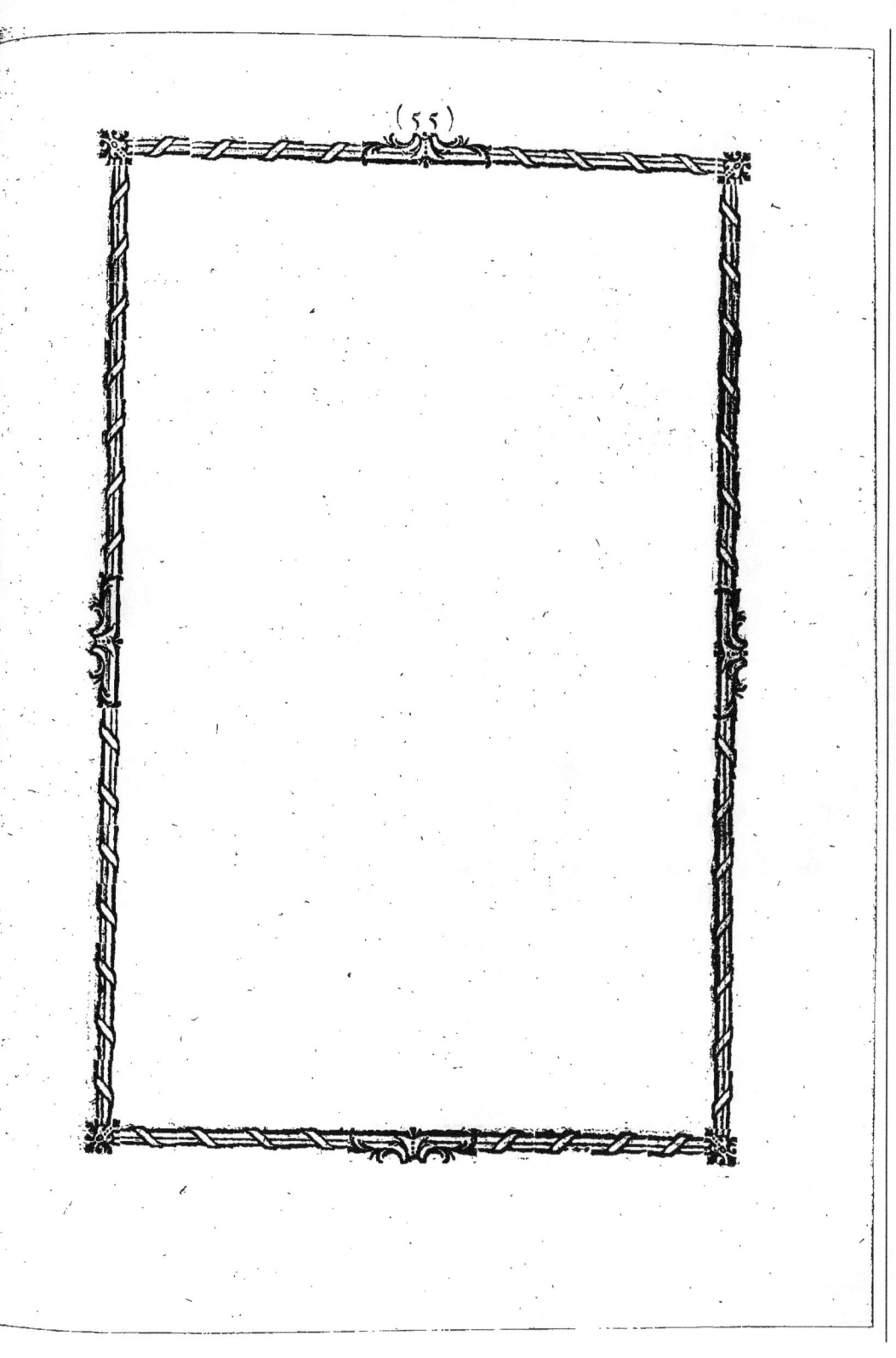

La centiéme Coëffure est un Tapé avec trois Boucles en marrons jettées en devant, & un demi-négligé.

Forme du Cachet que l'on met sur les Boîtes des Ouvrages que l'on envoie en Province, ou dans les Cours étrangeres, afin que les Dames ne soient point trompées.

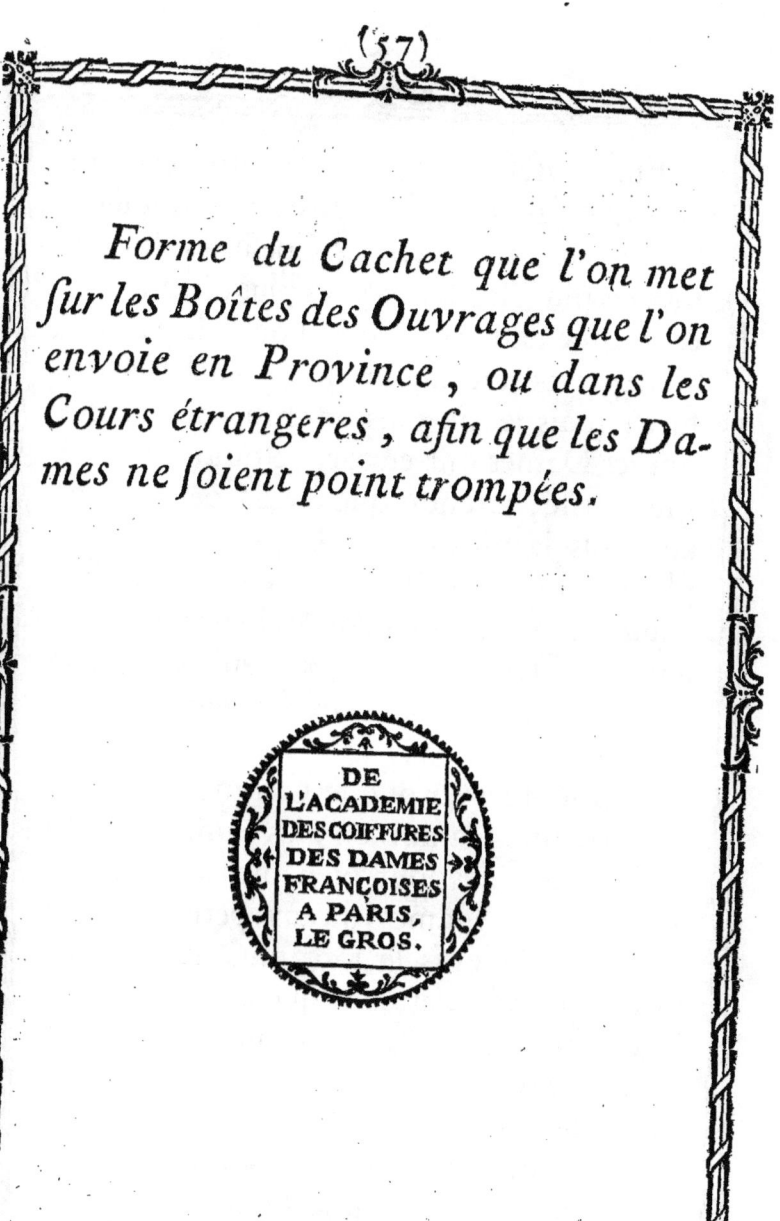

Enfin Mesdames, voilà bientôt seize années que j'ai travaillé à faire, à composer & mettre au jour toutes les Coëffures des Dames les plus élégantes & les plus distinguées, & j'ose me flatter être le seul qui soit parvenu au degré où est aujourd'hui poussé la Coëffure; mais je ne puis m'empêcher de dire que les Dames ont eû tort de quitter le Chignon frisé, attendu que cette Coëffure étoit autrefois la plus riche, la plus noble & la plus à la mode. Il est vrai que cette Coëffure coute beaucoup d'argent & de temps; mais aussi les Dames sont-elles bien dédommagées, paroissant sous cette Coëffure avec un air enfantin.

Il faut observer que le Chignon frisé fait paroître une Dame bien plus jeune, mais les Chignons frisés sont bien plus avantageux aux grandes Dames qu'aux petites; & les Chignons relevés le sont plus aux petites qu'aux grandes, attendu que le Chignon relevé grandit une Dame au moins de 3 pouces par le moyen d'un petit coussin que l'on met dessus la tête, & le bout du Chignon attaché après, avec un petit Bonnet, ou une Toque de rubans, ou une Toque de cheveux pardessus : ainsi avec des hauts talons de soulier une Dame se trouve grandie plus d'un demi-pied par l'apparence de cette Coëffure.

Pour le présent je n'en dirai point davantage ; cependant si les Dames avoient toujours porté des Chignons frisés, elles n'auroient jamais perdu leurs cheveux, à moins que ce ne fut par accident.

Ainsi finit le quatriéme Supplément de l'Art de la Coëffure des Dames Françoises.

Lû & approuvé le 26 Janvier 1770. MARIN.

APPROBATION.

Lu & approuvé ce 26 Janvier 1770.
MARIN.

PRIVILÉGE DU ROI.

LOUIS, PAR LA GRACE DE DIEU ROI DE FRANCE ET DE NAVARRE, à nos amés & féaux Conseillers les Gens tenans nos Cours de Parlement, Maîtres des Requêtes ordinaires de notre Hôtel, grand Conseil, Prévôt de Paris, Baillifs, Sénéchaux, leurs Lieutenans-Civils & autres nos Justiciers qu'il appartiendra, SALUT. Notre amé le Sieur LEGROS, Coëffeur à Paris, nous a fait exposer qu'il souhaiteroit faire graver & donner au Public un Ouvrage de sa composition, intitulé: l'*Art de la Coëffure des Dames Françoises, avec des Estampes & des Supplémens*, &c. s'il nous plaisoit lui accorder nos Lettres de Privilége pour ce nécessaires. A ces causes, voulant favorablement traiter l'Exposant, nous lui avons permis & permettons par ces Présentes, de faire graver l'Art de la Coëffure des Dames Françoises ci-dessus énoncé, en telle forme & autant de fois que bon lui semblera, & de le debiter ou faire debiter par tout notre Royaume, pendant le tems de six années consécutives, à compter du jour de la date des Présentes : faisons défenses à tous Dessinateurs, Graveurs, Imprimeurs en taille-douce, & autres personnes, de quelque qualité & condition qu'elles soient, de graver ou faire graver, debiter ou faire ledit Ouvrage, d'en introduire dans le Royaume de gravures étrangeres, ni d'en faire aucuns extraits sous quelque prétexte que ce puisse être, sans la permission expresse & par écrit dudit Exposant, ou de ceux qui auront droit de lui, à peine de confiscation tant des Desseins, Planches & Estampes, que des ustensiles qui auront servi à la contrefaçon, que nous entendons être saisis en quelque lieu qu'ils soient, de trois mille livres d'amende contre chacun des contrevenans, dont un tiers à nous, un tiers à l'Hôtel-Dieu de Paris, & l'autre tiers audit Exposant, ou à celui qui aura droit de lui, & de tous dépens, dommages & intérêts; à la charge que ces Présentes seront enrégistrées tout au long sur le Registre de la Communauté des Imprimeurs & Libraires de Paris dans trois mois de la date d'icelles; que la gravure dudit Ouvrage sera faite dans notre Royaume & non ailleurs: qu'avant de les mettre en vente, les Desseins ou Estampes qui auront servi à

I

la gravure des Planches, seront remis dans le même état où l'approbation y aura été donnée, ès mains de notre très-cher & féal Chevalier, Chancelier de France le sieur de LAMOIGNON, & qu'il en sera ensuite remis deux Exemplaires dans notre Bibliothèque publique, un dans celle de notre Château du Louvre, un dans celle de notredit sieur de LAMOIGNON, & un dans celle de notre très-cher & féal Chevalier Vice-Chancelier & Garde des Sceaux de France le sieur de MAUPEOU : le tout à peine de nullité des Présentes : du contenu desquelles vous mandons & enjoignons de faire jouir ledit Exposant & ses ayans cause, pleinement & paisiblement, sans souffrir qu'il leur soit fait aucun trouble ou empêchement. Voulons que la copie des Présentes, qui sera imprimée tout au long au commencement ou à la fin dudit Ouvrage, soit tenue pour duement signifiée, & qu'aux copies collationnées par l'un de nos amés & féaux Conseillers Secrétaires, foi soit ajoutée comme à l'original. Commandons au premier notre Huissier ou Sergent sur ce requis, de faire pour l'exécution d'icelles tous actes requis & nécessaires, sans demander autre permission, & nonobstant clameur de Haro, Charte Normande, & Lettres à ce contraire : car tel est notre plaisir. Donné à Versailles le vingtieme jour du mois d'Avril, l'an de grace mil sept cent soixante-huit ; & de notre regne le cinquante-troisieme. Par le Roi en son Conseil.

Signé LEBEGUE.

Regiſtré ſur le Regiſtre XVII de la Chambre Royale & Syndicale des Libraires & Imprimeurs de Paris, N. 75, fol. 415, conformément au Réglement de 1723, qui fait défenſes, art. XLI, à toutes perſonnes de quelque qualité & condition qu'elles ſoient, autres que les Libraires & Imprimeurs, de vendre, debiter, faire afficher aucuns Livres pour les vendre en leurs noms, ſoit qu'ils s'en diſent les Auteurs ou autrement, & à la charge de fournir à la ſuſdite Chambre neuf exemplaires preſcrits par l'Art. CVIII du même Réglement. A Paris, ce 26 Avril 1768. GANEAU, Syndic.

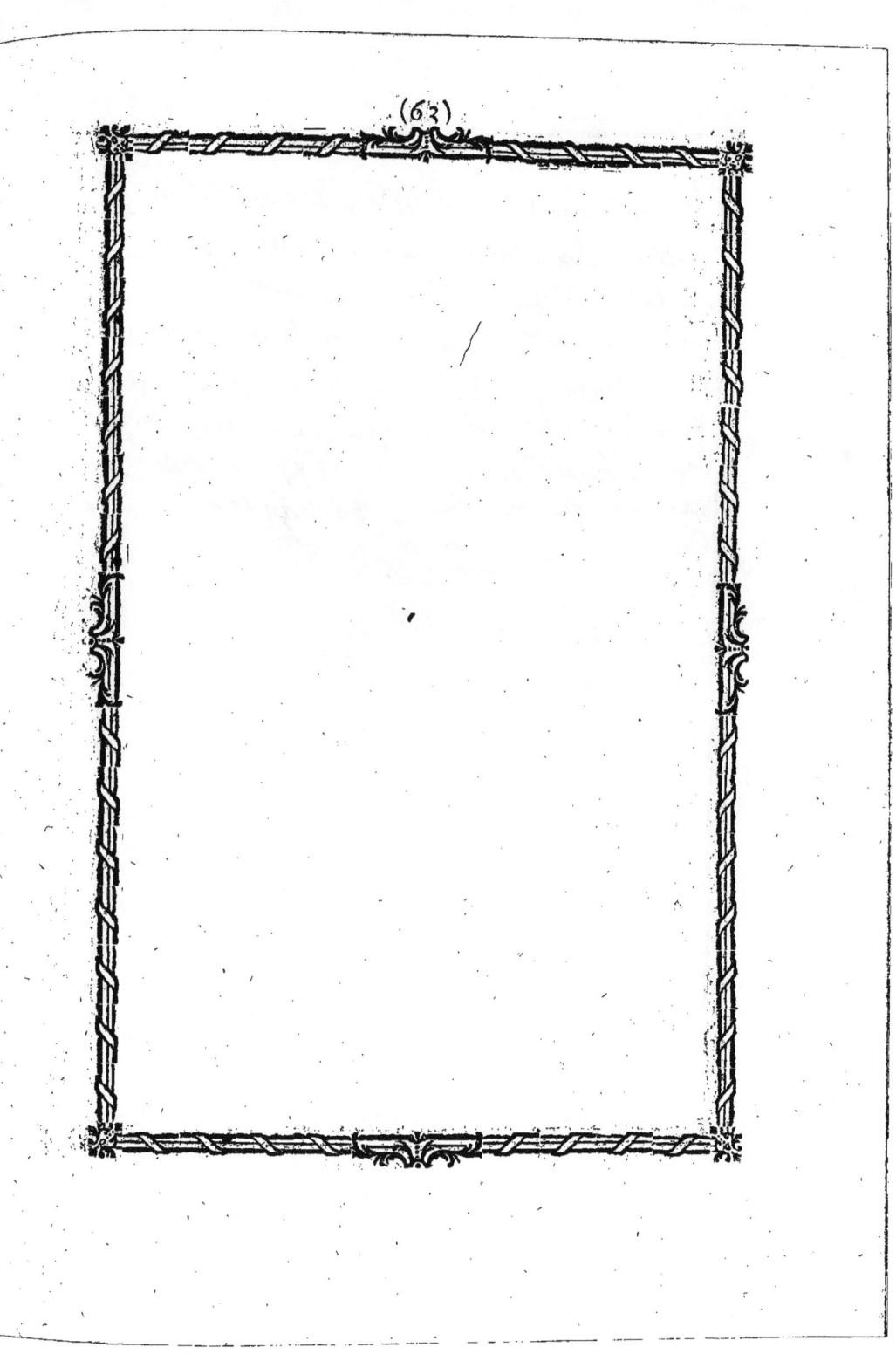
(63)

(64)

Le Sr. Legros coeffeur des dames auteur de cet ouvrage avoit ete cy devant cuisinier ses talents naturels l'avoient tourné du coté de la coeffure, il perit malheureusement avec près de quatre cent personnes ecrasées dans la rue royalle au feu que la ville donna dans la place de louis XV pour le mariage du Dauphien le 30 may 1770.

www.ingramcontent.com/pod-product-compliance
Lightning Source LLC
Chambersburg PA
CBHW071346150426
43191CB00007B/863